DE LA

SOCIÉTÉ PREMIÈRE

ET DE SES LOIS

OU

DE LA RELIGION.

Paris. — Imprimerie Adolphe Lainé, rue des Saints-Pères, 19.

DE LA

SOCIÉTÉ PREMIÈRE

ET DE SES LOIS

OU

DE LA RELIGION

PAR LAMENNAIS

NOUVELLE ÉDITION

SUIVIE

DE MÉLANGES POLITIQUES DU MÊME AUTEUR

PARIS

GARNIER FRÈRES, LIBRAIRES-ÉDITEURS

6, RUE DES SAINTS-PÈRES ET PALAIS-ROYAL, 215

AVERTISSEMENT.

En publiant séparément cette partie inédite de l'*Esquisse d'une Philosophie*, nous cédons à de nombreuses instances. Les importantes questions d'économie sociale dont les esprits, à cette époque douloureuse, sont préoccupés, ne les absorbent cependant pas si exclusivement qu'ils ne se tournent aussi, avec une vive anxiété, vers les questions religieuses ; car l'ordre religieux, c'est l'ordre moral hors duquel nulle vie, et la Religion, loi supérieure de l'homme intelligent et libre, comprend à la fois et les préceptes qui, en réglant sa volonté, règlent ses actes dans la sphère du bien et du mal, et la raison de ces préceptes, telle que, dans les âges successifs, permet de la concevoir le développement de la connaissance, élément principal du progrès de l'Humanité, car tout autre progrès en dépend.

Si nous avions traité de la Religion, pour ainsi dire, isolément, en dehors d'une théorie philosophique générale, nous aurions pu nous abstenir de certaines discussions abstraites, indispensables dans le plan de l'ouvrage dont celui-ci est détaché. Toutefois, pour peu qu'elles y apportent une attention sérieuse, les personnes même à qui ce genre de spéculations est le moins familier se feront aisément une idée suffisante des principes sur lesquels reposent les lois que nous constatons. Ils deviennent, d'ailleurs, tellement clairs dans leurs conséquences, ils se réduisent, dans l'application, à des faits tellement évidens, tellement universels, que ceux qu'ils arrêteraient d'abord peuvent sans inconvénient passer outre. Nous avons procédé philosophiquement, suivant une méthode rigoureuse ; le but que nous nous proposions l'exigeait. Mais les mêmes vérités peuvent facilement revêtir une forme dégagée de l'appareil de la science, mieux adaptée dès lors à l'enseignement pratique, car il n'en est point de plus simples, de plus accessibles aux intelligences les moins exercées, et il fallait qu'il en fût ainsi, à raison de leur importance.

Si vraie, au reste, qu'une doctrine puisse être, il ne s'ensuit pas, certes, que tous l'acceptent immédiatement. Elle rencontre dans les croyances inculquées dès l'enfance, dans les opinions reçues, dans l'inertie même des esprits qui répugnent à l'effort nécessaire pour se déplacer, des obstacles dont le temps seul triomphe. De quelque manière qu'on la juge, celle que nous exposons est du moins une doctrine de paix, de fraternité et d'amour. Elle fonde par le droit la liberté, l'union par le devoir; et le droit et le devoir renferment tout ce qui peut être conçu comme loi. Faits premiers, identiques aux conditions universelles de l'existence, ils subsistent par eux-mêmes, se prouvent par eux-mêmes, et ne dépendent d'aucun raisonnement. En eux rien d'arbitraire, rien de variable, rien d'hypothétique. Inhérens à l'essence des choses, ils marquent, pour toutes les créatures, la route qui conduit à Dieu, car Dieu c'est l'Être, et l'union à l'Être infini, éternel, absolu, d'où naît l'union des êtres contingens, limités, finis, constitue la Religion, absolue comme Dieu, éternelle comme Dieu.

LIVRE PREMIER.

DE LA SOCIÉTÉ EN GÉNÉRAL.

—

CHAPITRE PREMIER

DU PRINCIPE DE LA SOCIÉTÉ, ET CE QU'ELLE REPRÉSENTE DANS L'UNIVERSALITÉ DES ÊTRES.

L'activité que l'homme développe dans ses rapports avec les autres hommes, le manifeste sous un nouvel aspect, à certains égards le plus frappant de tous, puisque les lois auxquelles il correspond dérivent directement d'une condition première de l'existence de l'individu et de celle de l'espèce, qui, physiquement, ne subsisterait pas sans l'association, en même temps que sans elle toute vie morale et même intellectuelle, étouffée en son germe, serait à jamais impossible; la première, à cause de l'absence des relations qu'elle implique nécessairement, fa seconde, parce que l'indispensable instrument des opérations de l'esprit manquerait avec le langage. Ainsi l'activité individuelle, de laquelle naissent, comme on l'a vu, l'industrie, l'art, la science, dépend elle-même de la société, seul milieu où l'homme puisse devenir ce que sa nature le destine à être, ses facultés, les plus hautes surtout, restant, hors de ce milieu, constamment ensevelies dans un sommeil profond, analogue à l'état fœtal, dont il n'est, à vrai dire, qu'une sorte de prolongement.

Mais, afin de bien comprendre la société humaine, il convient de rechercher d'abord le principe de toute société : car si la société se conçoit sous une infinité de formes et de modifications diverses, dépendantes de la nature des êtres associés, elle a cependant une cause générale reconnaissable dans tous les faits particuliers, et d'où procède ce qu'ils ont de commun.

Or, à ce point de vue, elle embrasse l'universalité des êtres, et dès lors son principe doit se trouver dans une des primitives nécessités de leur existence.

Ils n'existent, en effet, qu'en vertu des relations qui les enchaînent mutuellement dans le tout, et ces relations, fondées sur les convenances de formes ou de natures, sur les actions et les réactions réciproques qu'elles déterminent, impliquent encore un lien, une tendance l'un vers l'autre des êtres qu'elles établissent en des rapports qui constituent l'ordre.

L'Univers n'est donc qu'une grande société, dans laquelle chaque être, uni aux autres, exerce, comme un organe particulier dans un corps vivant, ses fonctions propres, nécessaires pour la conservation intégrale du tout et son développement : et ainsi la société se résolvant dans l'unité, le principe d'unité est le principe de la société. Elle n'est pas néanmoins l'unité pure, mais elle dérive d'elle d'une manière directe, elle en est l'expression, et c'est par elle qu'essentiellement elle se caractérise.

Elle n'est pas l'unité pure, car l'unité pure, absolue, exclut toutes relations, conséquemment toute société. La société implique la multiplicité : pour être unis, il faut être plusieurs. Elle implique aussi la diversité. Quelle société concevrait-on entre des êtres numériquement distincts seulement, identiques d'ailleurs? Chacun d'eux, renfermé en soi, invariable individuellement dans la plénitude de son être, ne pouvant rien recevoir ni rien communiquer, n'aurait avec les autres aucun lien essentiel, indépendant d'eux, comme eux de lui, dans son existence solitaire.

Sous sa notion la plus générale, la société représente donc, parmi les êtres multiples et divers, le principe qui, suivant les lois de leurs natures respectives, les unit entre eux, de sorte que, de proche en proche, ils soient tous ramenés à l'unité universelle, qui représente elle-même hors de Dieu son unité interne, absolue, infinie. Et de ces deux élémens de l'union desquels résulte la société, d'une part l'unité, d'une autre part la diversité multiple, il est clair que celui-ci doit être subordonné à celui-là, puisque l'unité est le terme final, et que la diversité multiple est, pour user de ce mot, le sujet que l'unité doit soumettre à ses lois, sans toutefois le détruire en tant que multiple et que divers, ce qui détruirait la société même.

Ainsi, correspondant aux conditions radicales de l'existence sous ses deux modes infini et fini, rien ne serait sans elle; elle est nécessaire de la même nécessité que l'être, bien qu'indéfiniment variable dans ses manifestations au sein du monde créé, parce que, se proportionnant à la variété des êtres eux-mêmes, elle se modifie selon leur nature et revêt autant de formes qu'ils offrent de diversités. Ses lois, immuables pour le fonds, se modifient semblablement : d'où la législation particulière de chaque classe, chaque genre, chaque espèce d'êtres, plus compliquée à mesure qu'ils s'élèvent ; et ces législations fragmentaires, liées par des relations que l'ordre détermine, forment, dans leur ensemble harmonique, la législation générale de l'Univers un.

On entend assez que nous attribuons ici au mot société une signification plus étendue que celle à laquelle on le restreint d'ordinaire. Il exprime pour nous les rapports qui unissent les êtres soit de même nature, soit de nature différente, que ces rapports, d'ailleurs, soient ou non perçus d'eux. Dépendans, en effet, les uns des autres, ne subsistant que par cette liaison, cette communication réciproque que règlent des lois nécessaires, il existe dès lors, même entre les moins parfaits, une société pareille, en ce qui en fait l'essence, à celle qui unit les hommes entre eux ; car le genre des rapports, leur complexité plus grande, leur ordre plus élevé, n'en changent point le principe primitif et fondamental. Que l'homme, être libre, intelligent, moral, soit avec ses semblables en un genre de relations étranger aux êtres inférieurs, il en résulte sans doute que la société humaine, sous la forme distinctive qui la spécifie, a des lois qui lui sont propres, mais non qu'au-dessous d'elle il n'existe aucune société.

Il y a plus, l'homme lui-même appartient, en une certaine mesure, aux sociétés des êtres inférieurs, est soumis à leurs lois qu'enveloppent et résument celles qui dérivent de sa nature particulière. Est-ce qu'il n'est pas étroitement lié à tout ce qui est? Est-ce qu'il n'en dépend pas pour sa conservation et son développement? Est-ce qu'il pourrait se soustraire aux lois générales de l'organisation, non plus qu'à celles des corps inorganiques? Ces lois l'obligent rigoureusement, et cela de deux manières, fatalement, comme les êtres privés de liberté, moralement, à raison de sa qualité d'être libre. Elles lui créent des devoirs réels, les uns relatifs aux êtres avec lesquels il est en rapport et conséquemment en société, les autres relatifs à lui-même. Car, indépendamment du devoir qu'impose aux êtres libres l'ordre universel qu'ils ne sauraient troubler volontairement sans qu'aussitôt le mal n'apparaisse, le devoir de se conserver implique celui d'obéir aux lois du monde physique, ou de se maintenir en des relations normales avec les êtres dont il se compose ; et le devoir de concourir à la conservation de ces mêmes êtres, autant que l'exige l'harmonie de l'ensemble, implique, dans le même ordre, une suite continuelle d'actes réglés par les mêmes lois.

Il sera donc nécessaire à plusieurs égards de parcourir les divers degrés de la société qui relie les uns aux autres les êtres créés et les ordonne dans le tout, avant de traiter spécialement de la société humaine, laquelle les suppose et en forme sur ce globe le dernier et le plus haut terme.

Toutefois, il faut auparavant, afin d'établir une base solide et de légitimer complétement les principes secondaires que nous aurons à développer, il faut, disons-nous, remonter jusqu'aux principes premiers, souverains, absolus, fondés sur les éternelles nécessités de l'être : car là seulement est la raison de tout ce qui ne l'a pas en soi, de tout ce qui ne subsiste que sous les conditions du relatif, de tout ce qu'affecte un caractère de contingence.

Des questions traitées jusqu'ici, aucunes n'égalent en importance celles qui formeront le sujet de cette troisième partie, et elles n'ont même d'importance réelle que par leur liaison avec ces dernières. Qu'importeraient à l'homme les plus profondes spéculations, le savoir le plus étendu, s'il n'y trouvait la solution du problème de ses destinées, la loi de sa vie, la règle de ses actes comme être libre, la connaissance des moyens à l'aide desquels il peut parvenir à sa fin? Né pour la société, ne se développant qu'en elle, rien, hors d'elle, n'a pour lui d'intérêt sérieux. Quand elle ne serait pas une condition indispensable de son existence, quand la plupart de ses facultés, celles qui font de lui, sur la terre, le roi de la Création, ne demeureraient pas, dans l'isolement de l'individu, atrophiées et inertes, forcé qu'il serait de s'occuper sans relâche de sa subsistance immédiate, d'y songer uniquement, il ne s'élèverait jamais à d'autres pensées qu'à celles qui se rapportent directement aux besoins du corps. Ni arts, ni sciences, à peine un faible commencement d'industrie grossière, inférieure à celle des animaux mêmes; nul ordre moral, nulle idée du droit, nulle idée du devoir, nulle conscience dès lors. Serait-ce là l'homme? Le reconnaîtrait-on dans cette créature informe, innommable, abaissée au-dessous de l'être le plus limité, mais achevé en soi, mais en possession de ce qu'implique sa nature, si infime qu'elle soit? Le caractère le plus marqué de celle qui distingue exclusivement l'homme, est le progrès, un progrès continuel, indéfini; et tout progrès se résume en un progrès social, et aucun progrès n'est possible que dans la société, par l'excitation mutuelle des esprits, la diversité des fonctions dans le travail commun, la succession constante des efforts, la transmission de leurs résultats, qui crée, pour chaque génération, un point de départ plus avancé. L'homme seul n'est donc qu'un fragment d'être : l'être véritable est l'être collectif, l'Humanité, qui ne meurt point, qui, dans son unité, se développe sans cesse, recevant de chacun de ses membres le produit de son activité propre, et lui communiquant, selon la mesure où il y peut participer, le produit de l'activité de tous : corps dont la croissance n'a point de terme assignable, qui, suivant les lois immuables de sa conservation et de son évolution, distribue la vie aux organes divers qui perpétuellement le renouvellent, en se renouvelant eux-mêmes perpétuellement.

L'étude de l'homme considéré soit dans son type abstrait, soit dans le simple individu à la fois passif et actif, conduit donc forcément à l'étude de la société, que suppose ce que déjà nous avons dit de lui, et d'où naît en outre un nouvel ordre d'activité réglée par les lois supérieures de l'être moral, les lois qui l'ordonnent au sein du tout et y déterminent ses fonctions, en vertu du lien qui l'unit primitivement à Dieu, et en lui et par lui à ses semblables et à l'universalité des êtres; car tous se tiennent dans la Création, tous y ont des relations réciproques nécessaires. Et puisque la société enveloppe dans sa notion et Dieu et l'union avec Dieu, elle doit avoir en Dieu sa raison première, et conséquemment dériver des nécessités de l'être sous ses deux modes infini et fini. Essayons d'abord de concevoir ce qu'elle est dans l'Être infini.

CHAPITRE II.

DE LA SOCIÉTÉ EN DIEU.

On a vu qu'il existe dans la substance divine rois énergies, trois propriétés radicalement distinctes, réciproquement inconvertibles, et que la substance une se spécifie en chacune d'elles, de torte que l'Être infini implique à la fois l'unité et la diversité, lesquelles, loin de s'exclure, se supposent mutuellement, l'unité ne se concevant que par la diversité qui renferme les conditions de son existence, et la diversité que par l'unité, identique avec l'idée d'être.

On a vu encore que l'Être infini, nécessairement intelligent, est nécessairement un être personnel, ou que la personnalité est son mode d'être nécessaire :

Que ce mode d'être nécessaire affecte dès lors tout ce qu'enveloppe dans son unité l'Être divin, conséquemment les propriétés, les énergies inhérentes à sa substance :

Qu'ainsi, comme la substance une se spécifie en chacune de ces énergies, de ces propriétés diverses, la personnalité une de l'Être un se spécifie pareillement en chacune de ces propriétés, de ces énergies diverses, véritables personnes en ce sens : en d'autres termes, Dieu, en tant que Puissance, est un être personnel, en tant qu'Intelligence, un être personnel, en tant qu'Amour, un être personnel; non par une division de la personnalité, qui impliquerait une semblable division de la substance, d'où résulterait, chose contradictoire, trois êtres en un seul être, mais par une simple spécification du mode d'être essentiel de Dieu dans tout ce qui subsiste de distinct en lui.

Les propriétés distinctes, liées par des relations nécessaires dans l'unité de la substance, constituent la nature divine, une comme la substance, une comme l'être, puisqu'elle n'est que l'être même conçu dans ses conditions d'existence. Différentes l'une de l'autre par ce qui les caractérise respectivement, identiques par le fonds substantiel qui leur est indivisiblement commun, elles ne forment toutes ensemble qu'un seul et même être, un seul et même Dieu. D'où il suit que Dieu, rigoureusement un par sa substance, divers par les propriétés de sa substance, a en soi tout ensemble un principe d'unité absolue, et un principe d'individualité multiple, lequel a sa racine dans cette unité même, l'idée d'individualité se résolvant dans l'idée d'unité. Chacune de ces propriétés, de ces énergies personnelles subsiste en lui, individuellement distincte, pleinement elle-même dans son essence propre, et en même temps unie aux deux autres par un lien si intime qu'elle ne serait point sans elles; et, par cela même qu'elles sont, que, possédant l'être tout entier; elles sont ramenées à son unité radicale, elles offrent le type éternel de la société sous sa forme parfaite ou infinie; car la société, dans tous les ordres d'êtres, c'est l'individualité multiple ramenée à l'unité, et, dès lors, elle est, dans tous les ordres d'êtres, une indispensable condition de la vie.

Pour remonter d'abord jusqu'à Dieu, serait-il s'il n'avait pas en soi les énergies diverses qu'implique la notion de l'être? Serait-il, s'il n'était pas un être intelligent et ainsi un être personnel? si, conséquemment, les énergies essentiellement distinctes par lesquelles seules il est concevable, ne participaient pas à sa personnalité, individuellement spécifiée en chacune d'elles? Serait-il, si ces énergies personnelles n'étaient pas ramenées à l'unité de son être, impossible s'il n'est un? Serait-il, dès lors, si elles ne formaient pas en lui une véritable société?

La perfection même de cette société éternelle la voile à nos yeux. L'esprit, qui en conçoit la nécessité, ne saurait la comprendre en elle-même; elle se dérobe à lui dans les profondeurs impénétrables de l'infini, qu'il retrouve en chacun de ses élémens, comme dans leurs rapports réciproques. Ainsi, par son caractère d'infinis l'unité semble exclure la distinction, la diversité; par le même caractère, la distinction, la diversité semble exclure l'unité, et, néanmoins, l'une ne peut être conçue sans l'autre. L'unité, la substance, l'être ne serait pas, s'il n'avait en soi quelque chose de multiple et de divers qui en fonde la réalité, la possibilité. Ce quelque chose de multiple et de divers ne serait pas, s'il n'était inhérent à l'être un, à la substance une De sorte qu'en Dieu, les personnes sociales pour user de ce mot au sens expliqué déjà, individuellement infinies en ce qui les caractérise, ne sont, dans leur être effectif, que l'unité infinie elle-même. La société en Dieu est donc infiniment parfaite ou infinie absolument. Chaque personne sociale, infinie en soi et agissant selon tout ce qu'elle est, sans que rien la limite dans ce qui constitue son essence distinctive, possède une individualité infinie, conséquemment une liberté infinie : et, en même temps, liées l'une à l'autre par des relations aussi nécessaires que leur distinction même, il existe entre elles une union infinie aussi, qui se résume radicalement dans l'unité substantielle de l'Être infini, qui les implique toutes également, qui ne serait pas sans elles, et sans lequel elles ne seraient pas.

On voit que la société, en vertu d'une nécessité première, a deux conditions essentielles, qui sont les conditions de l'être même, l'unité et la diversité ou l'individualité multiple ; et de là les lois générales qui règlent fondamentalement toutes les sociétés quelles qu'elles soient, et les lois spéciales de chaque société, lois dépendantes, en ce qu'elles ont de propre, de la nature des êtres sociaux. Parfaite en Dieu, comme on vient d'essayer de l'expliquer, ses lois y participent à la même perfection. Ainsi chaque énergie personnelle infinie en soi, possédant dès lors la plénitude de ce qui la spécifie individuellement, et se résolvant, par ce qu'elle a de substantiel, dans l'être absolu, il en résulte que la loi d'unité et la loi de diversité ou d'individualité multiple, sont elles-mêmes infinies ou absolues ; que l'être est tout entier dans chaque individualité multiple, et que, dès lors, elles subsistent toutes indivisiblement dans son unité, tandis que, sans cesser d'être rigoureusement un, il est, dans cette même unité, divers et multiple.

Les relations des énergies personnelles avec la substance une et leurs relations réciproques, constituent, dans leurs spécifications variées, les lois de la société divine, d'où dérivent celles de la société universelle et de chaque société particulière des êtres finis. Car les êtres finis n'étant qu'une participation, un écoulement de l'Être infini, il n'est rien en eux qui ne soit primitivement dans l'Être infini, qu'ils reproduisent hors de lui-même sous la condition de la limite, et selon divers degrés et diverses formes de limitation, lesquelles, dans la série générale des êtres créés, correspondent à la nature propre et distinctive de chacun d'eux.

Ce que l'esprit peut découvrir en Dieu, en d'autres termes, la science de Dieu, unique fondement de toute science qui ne se réduit pas à l'expérience pure, est donc aussi le fondement de la science sociale. Et, en effet, lorsque, au commencement de cet ouvrage, nous avons traité des lois internes de Dieu, nous n'avons fait, en grande partie, qu'établir les lois de la société en Dieu; et c'est pourquoi il serait superflu d'y revenir en ce moment. Dans son acception absolue, le mot société n'exprime autre chose que les relations entre l'unité et la diversité. Ainsi, en Dieu, la société est l'ensemble des relations qui ramènent les énergies personnelles à l'unité de la substance, et qui les unissent entre elles : elle est, hors de Dieu, l'ensemble des relations qui unissent entre eux les individus de même nature et les êtres de nature diverse, et tous à Dieu, avec lequel ils ont des rapports nécessaires, d'où leur existence dépend radicalement. Si donc la société en Dieu et la société hors de Dieu ont une essence commune et des lois communes, elles offrent aussi des différences relatives à celles qui séparent l'Être infini des êtres finis. Cherchons d'abord en quoi consistent ces différences primordiales qui affectent tous les êtres finis sans exception.

CHAPITRE III.

DE LA SOCIÉTÉ CHEZ LES ÊTRES FINIS.

Telle est en toutes choses l'importance des premiers principes, qu'on ne saurait prendre trop de soin pour qu'ils soient bien compris, et que, dans le progrès des déductions, l'esprit les ait toujours présens avec cette netteté qui permet d'en saisir clairement l'application aux faits et aux lois des faits. C'est pourquoi, avant d'aller plus loin, nous résumerons brièvement ce qui vient d'être dit de Dieu.

La substance infinie ne pouvant être conçue que comme indivisiblement une, Dieu est un, et c'est, avant tout, par l'unité qu'il se caractérise et se définit. Mais l'Être un a des conditions sans lesquelles on ne saurait non plus le concevoir, conditions qui se résument dans l'idée de trois propriétés, de trois énergies, substantiellement identiques, différentes en tant qu'énergies ou propriétés; de sorte qu'en lui, l'unité et la diversité s'impliquent réciproquement. Participant nécessairement à son mode d'existence, ces trois énergies participent dès lors à sa personnalité dont elles sont autant de spécifications individuellement distinctes. Diverses par ce qui constitue leur essence respective, rigoureusement unes par l'identité de leur être radical, elles offrent le type de la société, et forment entre elles une société parfaite, dans laquelle chaque personne sociale, d'une part, jouit de la plénitude de son individualite propre, complète en soi, et sans aucunes bornes; de l'autre, est une de l'unité la plus absolue avec les autres personnes.

Dieu donc, infini dans tous les sens, infini dans sa substance, infini dans chacune des énergies diverses inhérentes à la substance une, épuisant en soi-même toute réalité possible, tout ce que renferme l'idée de l'être, toutes les relations qu'implique la diversité infinie dans l'unité infinie; Dieu, disons-nous, n'a dès lors de rapport nécessaire qu'à soi.

Il n'en est pas ainsi des êtres finis. Chacun d'eux est, comme Dieu, individuellement un, et, en eux comme en Dieu, l'individualité se résolvant dans l'unité de la substance, l'individu considéré dans son unité intrinsèque, n'a non plus de rapport qu'à soi. Mais sa nature d'être fini lui en crée de nécessaires avec l'Être infini et avec les autres êtres finis, puisqu'il en dépend quant à son existence.

En effet, au-dehors des êtres finis est l'unité infinie, absolue, dans laquelle la leur a sa racine; au-dehors d'eux est Dieu dont ils ne peuvent être séparés sans s'évanouir à l'instant même, car tout ce qu'ils ont d'être, ils le tiennent de lui. Et cependant, par ce qui constitue leur propre individualité, ils tendent sans cesse à cette séparation, puisqu'ils tendent vers soi et uniquement vers soi. Leur développement même ou le travail au moyen duquel ils se complètent, selon leur nature, a la même tendance; car se développer, c'est se déterminer, s'individualiser toujours plus. Et la même cause qui tend à séparer de Dieu l'être individuel, tend également à le séparer de tous les autres êtres. Chose étrange! le principe interne par lequel ils sont, les emporte dans l'abîme du non-être; et, pour le remarquer en passant, cela même est une preuve de leur tendance vers l'infini. Ils aspirent à rentrer en Dieu par la destruction de leur individualité contingente, à devenir ce qu'ils étaient, avant qu'il les eût réalisés au-dehors de lui, de simples idées divines, impérissables, éternelles. Et voilà pourquoi, afin qu'ils subsistent sous leur forme créée, il faut qu'ils se rattachent à l'infini d'une autre manière, car l'infini seul est de lui-même, et rien n'est que par lui.

Donc deux lois des êtres : la loi d'unité qui les relie à Dieu, source de leur être; la loi d'individualité, qui est la condition de leur être hors de Dieu. Par celle-ci, ils se conservent et se développent en eux-mêmes, selon leur nature, mais dans un complet état d'isolement, l'individu n'ayant comme tel de rapport qu'à soi; par celle-là, unis à Dieu et unis entre eux, ils puisent perpétuellement dans cette société la vie qui leur devient propre. Ainsi, pour les êtres finis, la société implique deux élémens opposés, deux lois contraires, harmoniquement liées. L'un de ces élémens, l'unité infinie, est le bien pur, puisqu'il est Dieu. L'autre, l'individualité finie, considérée exclusivement en soi, sans liaison avec son principe, est le mal pur, puisqu'il imprime à l'être un mouvement qui l'éloigne de Dieu ou du principe de l'être. Reportez, au contraire, en Dieu l'individualité finie (1), rattachez-la à son principe, subordonnez sa tendance propre à une tendance plus haute vers celui de qui tout émane et qui conserve tout, aussitôt elle change de caractère; elle n'est plus le mal, elle est la condition du bien, tel que peuvent y participer les êtres finis; elle se divinise, pour ainsi parler.

Il suit de là que la société est une conséquence de la création, et, en quelque manière, sa forme générale. L'Univers est donc une grande société où tout se tient, où tout se lie, et qui ne subsiste que parce que le principe qui unit tout, prévaut sur le principe qui tend à tout isoler. Un ordre parfait y régnerait s'il n'était troublé par les individualités libres, car elles seules peuvent vio-

(1) L'individualité finie a sa raison dans la limite qui circonscrit l'être et le concentre en soi. Sans la limite, elle redeviendrait l'unité infinie elle-même. Or la limite, essentiellement et purement négative, n'est en ce sens qu'une négation de l'être, seule manière possible de concevoir radicalement ce qu'on appelle le mal. Ce que nous disons des êtres dans leurs rapports avec les lois universelles constitutions de la société, trouve donc sa confirmation dans les principes antérieurement établis, et les confirme eux-mêmes en les montrant sous un nouvel aspect.

ler leurs lois. Mais ces violations ont leur borne et leur remède dans les lois du tout; et comme elles entrent elles-mêmes dans le plan divin, qu'elles ont été prévues, et que, d'une certaine façon, elles étaient inévitables, les désordres partiels qu'elles occasionnent, condition de l'existence des êtres les plus élevés, n'altèrent point au fond l'harmonie de l'ensemble.

Et pour comprendre comment le désordre que peuvent introduire les agens libres dans la Création, renfermé en des bornes comparativement très-étroites, s'y arrête de soi-même et s'y éteint, qu'on se rappelle que le mal est par son essence purement individuel (1), et conséquemment qu'il dépend, dans sa production, d'une cause finie. Or, toute cause finie s'épuisant en elle-même proportionnellement à son action, s'épuise dans ses effets, et, quoi qu'aient dit quelques fatalistes, il n'est point, soit dans l'ordre physique, soit dans l'ordre moral, d'enchaînement illimité de ces effets dont une cause finie est le principe générateur. Le bien, au contraire, dans ses manifestations quelles qu'elles soient, a pour principe générateur un principe infini, le

(1) Voyez IIe partie, livre I, ch. VII.

Principe même de l'être dont l'action souveraine, réglée par ses lois, qui sont les lois de l'ordre, domine toutes les autres actions. Il prévaut donc toujours nécessairement dans l'ensemble des choses. Et, en effet, si l'on compare, au sein des sociétés humaines, les actes conformes à l'ordre aux actes qui y sont opposés, on sera frappé du nombre incomparablement plus grand des premiers, et du caractère de continuité qui en fait, pour ainsi parler, un seul acte, l'acte même de vivre : exactement comme la santé est pour l'homme organique en général l'état continu, permanent, et la maladie, comparativement rare, un état accidentel, un désordre qui n'affecte que l'individu, sans jamais s'étendre à l'espèce entière.

En dehors des différences qui spécifient les divers ordres d'êtres finis et en modifient les lois, tous sont soumis indistinctement à certaines lois universelles dérivées des nécessités intrinsèques et absolues de l'Être. De ces lois, les unes correspondent au principe qui, unissant les êtres entre eux, les ramène encore, par une incessante gravitation vers Dieu, à l'unité infinie : les autres correspondent au principe en vertu duquel chaque être particulier, tendant à se conserver et à se développer individuellement, tend dès lors à se séparer du tout. Et comme aucun être ne subsiste que par ce principe interne d'individualité, qui le sépare de ce qui n'est pas soi, le tout non plus ne subsiste que par la prédominance du principe opposé d'unité, qui fait que chaque être soit nécessairement, soit librement, selon sa nature, se donne, se sacrifie aux autres êtres, qui, pareillement, se donnent, se sacrifient à lui; et il en est ainsi des divers ordres d'êtres considérés généralement. Le monde inorganique se donne tout entier au monde organique, qui contribue de son côté à le vivifier, à l'étendre, en lui rendant ce qu'il a reçu de lui, mais modifié selon ses lois propres; et il n'est point d'être organisé qui en rentrant tôt ou tard dans le monde inorganique, ne l'enrichisse, par ce don de soi, de nouveaux élémens, de formes nouvelles plus parfaites.

Le monde des intelligences libres est lié aux deux mondes inférieurs par des rapports semblables; et, s'il dispose d'eux, si, en partie, il se nourrit d'eux, il verse aussi en eux les trésors de son être, et les dilate et les élève incessamment, en les associant à sa fin. Cette appétence, pour user de ce mot, de la Création tout entière, cette aspiration perpétuelle vers l'être, est la perpétuelle manifestation de sa tendance vers Dieu, qui, en même temps qu'il s'épand en elle et qu'elle se nourrit de lui, aspire aussi, en un sens très-vrai, à se nourrir d'elle, à se l'assimiler, à se l'unir toujours plus, non qu'il ait aucun besoin d'elle, non qu'en aucune manière elle puisse lui rien donner, mais parce qu'il s'aime en elle comme dans quelque chose de lui, et que l'amour tend à l'union parfaite.

Si donc l'Univers, typiquement un comme Dieu, et comme lui impliquant la diversité dans l'unité, peut être conçu sous la notion d'une société qui embrasse l'universalité des êtres finis, liés par les lois premières communes à tous les êtres et par celles qui résultent de leurs natures respectives, les différentes classes de ces mêmes êtres forment autant de sociétés particulières qui se supposent l'une l'autre, s'enchaînent l'une à l'autre dans la société générale, laquelle, se développant à mesure que les êtres s'élèvent, devient ainsi qu'eux de plus en plus complexe, de plus en plus parfaite. Le dernier erme observable pour nous de ce développement, est la société humaine, et c'est elle qui reçoit, dans le langage ordinaire, exclusivement presque, le nom de société. Cependant il existe aussi entre les êtres inférieurs une véritable société ou un ordre de relations dépendantes des mêmes lois fondamentales, car rien d'isolé dans la Création. Les relations spéciales qui unissent les hommes entre eux, s'y surajoutent et ne les détruisent point, de sorte qu'on ne saurait comprendre la société humaine, la connaître dans ses élémens inséparables les uns des autres, sans la connaissance préalable des sociétés plus imparfaites, des sociétés des êtres inférieurs ; car les sociétés se lient comme les êtres, se résumant comme eux en des types progressivement moins incomplets. Avant de parler de l'homme, nous considérerons donc ces divers ordres de sociétés, et premièrement la société des êtres inorganiques.

CHAPITRE IV.

DE LA SOCIÉTÉ DES ÊTRES INORGANIQUES.

Le monde inorganique ne subsiste qu'en vertu d'une intime solidarité, qui ramène, dans l'ensemble des êtres dont il se compose, la variété à l'unité. Tous sont soumis aux lois qui règlent les phénomènes généraux, aux lois de l'électricité, de la lumière, du calorique, ou des primitives énergies de l'éther (1) ; et chacun d'eux est

(1) Nous ferons remarquer ici que l'idée de loi renfermant celle de cause, d'une puissance quelconque efficace, s'il n'y avait qu'une cause il n'y aurait qu'une loi, et encore ne serait-elle que fictive, car une cause unique, posée à l'origine, n'ayant d'autre terme qu'elle-même, serait une cause sans effet possible, c'est-à-dire une contradiction. L'idée de l'éther implique donc celle de propriétés, d'énergies essentielles diverses, à moins qu'on ne le suppose privé de toute action et conséquemment de toute loi. Et ce qui est vrai de l'éther ou de la substance finie, est également vrai de la substance infinie. Concevez-la exclusivement dans son unité radicale, sans propriétés, sans énergies internes, il vous sera impossible de concevoir en elle aucunes lois.

soumis encore aux lois de sa nature propre, qui se combinent à l'infini avec celles des autres êtres de natures diverses. Mais au point de vue où maintenant nous les considérons, nous devons principalement nous arrêter à deux conditions de leur existence, qui, non-seulement en eux, mais dans la Création tout entière, constituent les lois fondamentales de la société.

Tout corps distinct des autres par ce qui le caractérise spécifiquement, représente, dans le monde extérieur, un type déterminé qui en fait l'essence, et qui, indivisible en soi, est identiquement le même en chacune des molécules dont se compose la masse, molécules dont le nombre peut être indéfiniment multiplié au moyen de la limite. Il est très-évident que, sans cette multiplication indéfinie du même type dans les molécules matérielles numériquement distinctes qu'il caractérise toutes pareillement, l'univers physique n'existerait point. Son existence dépend donc, en premier lieu, de la multiplicité des individus, d'ailleurs complétement identiques quant à leur essence, et par conséquent il est nécessaire qu'ils se conservent en certaine proportion, comme il a été nécessaire qu'ils se formassent originairement, ou que la masse se développât : d'où ce que nous appellerons la loi d'individualité.

Mais si la tendance naturelle au développement par la multiplication indéfinie des individus, était la seule loi des êtres, nulle variété n'eût été possible. Les molécules du premier corps continuant de se multiplier, envahissant peu à peu l'espace et le remplissant enfin tout entier, aucun autre corps n'aurait pu se produire. Il faut donc que la multiplication numérique de chaque type ait des bornes déterminées par les nécessités qu'implique l'existence des êtres divers, ou que la loi d'individualité soit subordonnée à une autre loi, suivant laquelle le tout se forme et se conserve; et cette loi sans laquelle l'Univers ne serait point, puisqu'il ne pourrait être la reproduction de Dieu hors de soi, sa manifestation progressive sous les conditions du fini, nous la nommerons la loi d'unité.

Nous avons, en effet, montré qu'après les premières formations accomplies au sein de l'éther et qui ne supposent que lui, aucun corps ne saurait se former que par la combinaison d'autres corps formés eux-mêmes antérieurement. La forme supérieure du corps nouveau les soumettant à ses lois propres, les ramène à son unité. Et, de proche en proche, toutes les formes se combinant ainsi, à mesure que se réalisent des types plus élevés, il y a, dans ce progrès indéfini, une tendance visible à l'unité infinie elle-même. Chaque forme inférieure, partie intégrante des formes qui l'absorbent, se nourrissent d'elle, se l'assimilent, leur est sacrifiée en ce sens : elle cesse d'être soi, d'être circonscrite dans l'unité individuelle où se manifestaient les propriétés de sa nature particulière, pour devenir un simple élément d'un tout plus complexe.

Mais, restant ce qu'ils sont selon leur essence spécifique, les corps ont de mutuelles relations qui créent entre eux un autre genre d'unité non moins nécessaire. Les lois de leur union sont les lois générales du monde physique, auxquelles, dépourvus de liberté, ils obéissent aveuglément. De là l'ordre de la nature et la conservation de l'ensemble. Les lois de la force et de la forme, du calorique et de l'attraction règlent les phénomènes harmoniquement liés comme les lois primordiales d'où ils dépendent; et sans ces lois, qui sont celles des trois principes primitifs de l'être, aucun être ne serait, et conséquemment, pour qu'un être soit, il faut qu'elles prévalent sur les lois propres de chaque être particulier, se les subordonnant sans toutefois les détruire; car celles-ci, sous un autre aspect, impliquent une égale nécessité, puisque, dérivant de l'essence de chaque être, l'existence actuelle de cet être en suppose l'existence, et que dès lors leur destruction entraînerait celle de la Création.

Soumis nécessairement aux lois générales du monde inorganique, chaque être est donc en même temps soumis à ses lois propres, dans une mesure que détermine la commune solidarité. Si elles prévalaient sur les premières, tout lien entre les êtres étant brisé, l'Univers offrirait un épouvantable chaos. L'ordre par lequel il subsiste résulte de la double action du principe d'individualité et du principe d'unité. L'un est le principe conservateur de chaque être en soi, l'autre le principe conservateur de tous, et par là même encore de chacun, car rien n'est qu'à la condition de n'être pas seul. Il faut donc que le principe d'individualité à la fois agisse selon son essence, et se subordonne au principe d'unité. Sans cela nulle existence possible. Et en effet, ne voit-on pas, au sein du monde inorganique, tous les êtres, en une opposition constante par tout ce qui dérive du principe d'individualité, se combattre aussi constamment, et tendre à absorber, à s'assimiler tout ce qui n'est pas eux? Ils ne se développent que de cette manière, et tout être de cet ordre tend à croître incessamment et ne cesserait de croître tant qu'il trouverait autour de soi l'aliment qui lui est approprié, si une puissance ou supérieure, ou égale à la sienne, ne le maintenait dans les limites que lui assignent les lois de la Création. Car, dans le vaste organisme de la Nature, les corps divers forment comme autant d'organes spéciaux dont les fonctions doivent s'harmoniser, chacun de ces organes se développant selon la mesure de ces fonctions mêmes et jamais au-delà, pour ne pas devenir, au lieu d'un instrument de la vie, une cause de perturbation et de mort.

Ainsi la tendance à l'accroissement, identique à la tendance à se conserver, est évidemment bonne et nécessaire, puisqu'autrement rien ne serait. Mais, comme rien ne serait non plus si elle existait seule, elle n'est bonne que relativement, en de certaines limites déterminées par ses rapports avec les lois du principe d'unité. Celles-ci ont pour effet, en laissant subsister dans chaque être l'action de ses lois spéciales, d'en empêcher la prédominance, et de réaliser le sacrifice de l'individu, lorsqu'il est nécessaire à l'ordre général, à la conservation et au développement du tout. C'est ainsi que chaque corps, sans que les natures périssent, rencontre partout, dans des lois supérieures aux siennes, des obstacles à son développement excessif et désordonné; que, dans le cours de son existence, s'il reçoit continuellement quelque chose des milieux où il est plongé, continuellement aussi il leur rend quelque chose de soi, jusqu'à ce qu'au temps marqué par ces mêmes lois universelles, il se donne enfin tout entier, pour devenir, par la séparation de ses élémens constitutifs, l'aliment, la nourriture d'autres êtres.

En résumé :

Un type quelconque ne peut exister physiquement que par sa multiplication indéfinie au moyen de la limite qui le circonscrit individuellement en chacune des molécules similaires dont se compose le corps : donc la multiplicité des individus de même type est une condition de l'existence des corps ou de l'existence du monde physique; donc les individus doivent se conserver, et leur conservation, en une certaine mesure, est une loi première et nécessaire de la Création.

Aucun corps ne saurait se former, aucun corps ne saurait croître ou se développer qu'en s'assimilant d'autres corps, qu'il absorbe en soi, qu'il s'identifie. Simples élémens de la forme plus complexe de ce corps où disparaissent leurs propriétés distinctives, ils perdent en lui leur existence propre, ils lui sont sacrifiés en ce sens : donc la loi selon laquelle les individus doivent se conserver, est subordonnée à une autre loi qui se caractérise par le sacrifice de ces mêmes individus au développement et à la conservation du tout; l'Univers impliquant, avec une variété indéfinie d'êtres, un ordre progressif de formation, fondé sur la nécessité que les êtres relativement simples précèdent les êtres plus complexes dont ils sont les indispensables élémens.

Chaque être étant en des rapports déterminés par sa nature avec les énergies primitives d'où dépendent originairement tous les phénomènes du monde physique, avec l'électricité, la lumière et le calorique, les lois de ces énergies communes à tous les corps, forment le lien qui unit leurs lois particulières, et par cette union les fait concourir à l'ordre universel qui se résout dans l'unité de la Création, qui se résout elle-même dans l'unité de l'Être infini : donc les lois des énergies primitives, les lois de la force, les lois de la forme, les lois de la vie ou du principe dont la fonction est d'unir les deux autres, sont les lois qui règlent fondamentalement l'association des êtres inorganiques dans l'unité du tout qui ne subsiste que par elles.

Les lois particulières des corps inorganiques expriment les relations de chacun d'eux avec les énergies primordiales, et aussi les mutuelles relations des formes qui les spécifient, leurs affinités réciproques. Et comme l'affinité n'est, dans son principe, que l'action de la forme absolue qui renferme toutes les autres, les affinités spécifiques n'en sont que des manifestations partielles, relatives à la diversité des natures, et toutes ensemble, en s'enchaînant suivant l'ordre qui les unit dans leur principe commun, tendent à le reproduire selon tout ce qu'il est, dans sa complexité et son unité infinie : donc les lois de l'affinité, en vertu desquelles la variété indéfinie des phénomènes se produit et s'ordonne dans l'Univers physique, achèvent de former la législation des êtres inorganiques intimement unis, respectivement distincts et divers.

Telles sont les lois générales de la société des êtres inorganiques, lois pour eux nécessitantes, qu'ils ne peuvent altérer ni troubler, mais qui n'en renferment pas moins la notion du droit et du devoir. Car elle a deux relations, l'une à l'ordre en soi, qui constitue le droit et le devoir dans leur essence, l'autre aux êtres qui doivent concourir au maintien de cet ordre. Par la première de ces relations, le droit et le devoir sont universels, absolus; par la seconde ils se modifient selon la nature des êtres qu'ils doivent régir, et, en tant qu'on y joint l'idée d'obligation morale, de mérite et de démérite, supposent des êtres qui les connaissent et y obéissent librement.

Quoique donc la société offre différens modes relatifs aux différences des êtres associés, au fond il n'en existe qu'une, la société de toutes les créatures unies entre elles et unies à Dieu, sans quoi elles ne le seraient pas entre elles. Dans cette immense société qui embrasse tout ce qui est, chaque ordre d'êtres et chaque espèce d'êtres, ayant ses lois et ses fonctions propres, forme à ce point de vue une société particulière, élément de la société une et universelle : et c'est qu'en effet la société n'est, comme on l'a dit, que l'unité même sous les conditions de la diversité. C'est pourquoi, nous le répétons, on ne saurait bien comprendre ce qu'elle est à l'égard de l'homme, si d'abord on ne la considère chez les êtres inférieurs. La société humaine est liée inséparablement à la leur, plus parfaite seulement à raison de la plus grande perfection de l'homme; et s'il possède un droit réel sur ces êtres inférieurs, ce qui au reste a lieu pour tous les degrés de la série où chacun occupe une place nécessaire, il a aussi, comme on le verra, des devoirs envers eux; car, à mesure que se dilate la sphère de la puissance, le devoir s'étend en même proportion.

CHAPITRE V.

DE LA SOCIÉTÉ DES ÊTRES ORGANIQUES.

La société que forment entre eux les êtres organiques est visiblement déjà d'un ordre plus élevé que celle des êtres inorganiques. Celle-ci a pour principe l'affinité qui forme des agrégats de même nature, et elle se consomme, dans l'universalité des mondes également soumis aux conditions premières de toute existence créée, par les lois physiques générales de la communication de la force, de la forme et de la vie, ou de l'électricité, de la lumière et du calorique.

On voit naître chez les végétaux de nouveaux genres de relation. Le végétal n'est pas, il s'en faut de beaucoup, un simple agrégat de molécules juxta-posées. Il se compose d'individus, similaires il est vrai dans leur unité plus complexe, mais dépendans les uns des autres par leur association, nécessaire au plein développement du type que représente chacun d'eux, et concourant par leurs fonctions, ordonnées selon les lois de ce type, à la formation et à la conservation de l'unité supérieure qui en est l'expression complète. De secrètes affinités, certaines, bien que peu connues, existent entre les espèces mêmes, et, dans une mesure pour nous encore indéterminée, président à leur distribution et à leurs groupemens. Il est des végétaux qui semblent se chercher, il en est qui paraissent se fuir, et de ces attractions comme de ces répulsions, résulte, en partie du moins, l'harmonie indéfinissable que l'on sent tout d'abord à la vue de la nature vierge et de son travail spontané, que l'art imite et n'égale jamais.

Nous voilà déjà loin du règne minéral, qui, dépourvu d'organisation et de vie, selon l'acception commune de ces mots, ne présente que des phénomènes mécaniques et chimiques, appréciables seulement par ce qu'ils ont de général, et qu'on ne saurait saisir dans aucune individualité rigoureusement circonscrite, toute molécule étant indéfiniment divisible sans que son essence en soit altérée. Les végétaux offrent, au contraire, de vrais individus, en qui l'association, soumise à des lois d'un ordre supérieur, revêt un caractère de perfection plus grande. D'instinctives appétences et des mouvemens automatiques ou dépendans d'une cause interne, les rapprochent des êtres doués de sensibilité et de volition, et conséquemment d'une spontanéité réelle. La distinction des sexes montre même en eux, sous ses conditions physiques, un premier germe de la famille. Elle se développe chez les animaux, et à divers degrés, suivant le développement des facultés qui leur sont propres.

Ici l'on entre dans une sphère nouvelle, correspondante à un état de société plus avancé, quoique réglé encore par des lois nécessitantes. Les relations, plus intimes, se multiplient et se diversifient. Le droit et le devoir apparaissent avec une clarté croissante. Radicalement les mêmes que dans la société humaine, ils embrassent seulement des rapports moins étendus et moins variés. Nulle autre différence, si ce n'est du côté des êtres qu'ils régissent. Privés d'intelligence, attribut exclusif de l'homme sur ce globe, ils manquent dès lors de liberté. Chacun d'eux, selon sa nature, obéit fatalement à une législation générale, laquelle, immuable en soi, parce qu'elle est identique avec les conditions universelles et nécessaires de toute existence créée, se complique et se perfectionne à mesure que les espèces s'élèvent.

En traitant ailleurs de l'instinct (1), nous avons parlé des admirables industries qu'il suggère, pour leur conservation et leur propagation, aux animaux même des classes inférieures, industries que souvent l'on peut appeler sociales, puisqu'elles nécessitent le concours de plusieurs individus, leur action combinée en vue d'une même fin. Plus haut, le principe d'association se manifeste mieux encore, sous des formes rapprochées de celles qui le caractérisent chez l'homme. Une sorte de mariage unit le mâle et la femelle pour un temps proportionné au besoin qu'ont d'eux les jeunes êtres nés de cette union, et même pour un temps plus long dans certaines espèces. Protégée par le père, la mère et lui s'aident mutuellement; ils se partagent les soins de la société où chacun d'eux a ses fonctions propres, nourrissent les petits, les défendent, leur donnent l'éducation au moyen de laquelle ils deviendront capables de pourvoir seuls

(1) IIe partie, livre VII.

à leur subsistance. A cette époque, suivant la diversité des natures, quelques-uns se séparent d'autres continuent de vivre en famille; d'autres encore, par l'union des familles elles-mêmes, forment des sociétés plus nombreuses qui impliquent entre leurs membres des relations plus variées. La faiblesse y demeure sous la protection de la force : le taureau combat, il repousse l'agression de l'ennemi, et meurt pour sauver le troupeau. Un ingénieux concert, tantôt supplée à l'impuissance des efforts isolés de l'individu, tantôt garantit la sûreté commune. Que de précautions contre le danger, que de prévoyance, de vigilance en ceux qui vivent en bandes, ou qui se réunissent pour chercher leur pâture! Des vedettes habilement placées veillent pendant que la troupe moissonne. Quelques-uns offrent l'exemple de la division du travail, atteignant de la sorte un but sans cela inaccessible. Un infaillible instinct détermine les fonctions de chacun et la forme d'organisation, ici la monarchie, ailleurs la république. Sous la conduite de chefs temporaires, plusieurs accomplissent périodiquement des migrations lointaines d'où dépend leur conservation. D'autres, associés pour la guerre, combinent des plans dont l'exécution suppose une réelle discipline.

Ainsi, bien qu'à divers degrés de perfection ou de développement, chaque espèce représente une société véritable, et ces sociétés, complètes dans leurs sphères respectives, fragmentaires à l'égard du tout, tendent à former, par les rapports intimes qui les lient, une seule société de plus en plus générale. Certains genres d'animaux semblent attirés l'un vers l'autre. Tous ont leur voix et leur langage, que chaque individu de chaque espèce entend et parle, et qui les unit. Par ce langage et par cette voix, ils manifestent au dehors les sensations et leurs diverses nuances, et les inspirations de l'instinct. De cette manière s'établit entre eux une réelle communication de leur vie interne, de tout ce qui les affecte, les émeut. Ils s'appellent, s'avertissent, se menacent. C'est, en un mot, la parole naissante avec tous ses effets, mais encore aveugle et circonscrite dans les limites de l'état organique. Quoique spécifiée en chaque espèce, elle contient cependant quelque chose de plus général. Les cris de douleur et d'effroi agissent sympathiquement sur les animaux de race différente, mais que leur nature rapproche : nouveau signe d'un commencement de société réelle entre eux. Et ne voit-on pas les individus de ces espèces diverses, émus par la voix d'une autre espèce antipathique, se rassembler, s'unir pour éloigner l'ennemi commun?

Nous ne faisons qu'indiquer un ordre de faits dont le tableau complet, vaste comme la Nature, en serait l'histoire, au point de vue le plus important. Sous des formes multiples harmoniquement liées, partout, en effet, se manifeste, au sein de la Création, la puissance du principe qui porte les êtres à s'associer : organiques ou inorganiques, les lois de leur association, différentes à certains égards, sont radicalement identiques, car elles se réduisent toutes aux lois que nous avons nommées d'individualité et d'unité. Les différences caractérisent les sociétés particulières, indispensables élémens de la société générale. Elles sont, dans chaque règne et dans chaque espèce de chaque règne, les conditions de sa vie propre, simples modifications des lois premières, qui, sans distinction d'espèce ni de règne, expriment les conditions universelles de l'existence des êtres finis.

Chaque type, chaque forme, chaque germe primitif, tous mots synonymes, se développe par la production indéfinie d'individus d'essence identique, lesquels ne sont que le même type immuable et indivisible multiplié numériquement au moyen de la limite. Que ces individus multiples physiquement limités, distincts seulement par ce qui relève du nombre pur, cessent d'exister, le monde s'évanouira, il ne restera que les types inétendus tels qu'ils subsistent dans la substance une de l'Être infini. Il est donc nécessaire que les individus se conservent en une certaine mesure, sans quoi rien ne serait, et c'est là ce qu'on appelle le droit.

Nous disons se conservent en une certaine mesure, car les êtres organisés dont nous nous occupons ici spécialement, ne se conservant qu'en se développant ou se multipliant, si leur développement ne rencontrait pas des bornes infranchissables, rien non plus ne serait. Chaque espèce tendrait à envahir et à remplir seule les milieux appropriés à sa nature, et, d'une autre part, son développement, son existence même serait impossible, faute de l'aliment nécessaire que lui fournissent des espèces différentes.

L'ordre donc exige que chaque être soit sacrifié aux autres êtres, afin que tous subsistent pendant un temps donné. « C'est un fait très-» singulier, mais très-positif, dit un habile ob-» servateur, que la plupart des larves d'insectes

» sont décimées par d'autres larves parasites, » comme si, dans le but des harmonies de la » nature, une loi de destruction devait balancer » une loi de production, comme si la mort était » l'antagonisme de la vie (1). »

Elle en est plutôt une des faces. Les êtres vivent les uns des autres, chacun d'eux dans sa sphère exerçant, par cela seul qu'il est, la double fonction de concourir à la propagation des espèces et de la limiter, selon les lois d'après lesquelles la Création entière se conserve. Comme celui que nous venons de citer, tous les naturalistes en ont été frappés, surtout en étudiant la classe des insectes. « Ils jouent, dit l'un d'eux, un rôle im- » portant dans l'admirable organisation de la » nature. S'ils ont été répandus en innombrables » quantités, c'est qu'ils sont indispensables à » l'équilibre et à l'harmonie de notre monde. » Ainsi les uns, et c'est le plus grand nombre, » sont destinés à arrêter la trop grande multipli- » cation des végétaux, et ils ont pour mission de » détruire un grand nombre de leurs semences

(1) Sur les galles du *Verbascum* et de la *Scrophularia*, et sur les insectes qui les habitent; par M. Léon Dufour. *Comptes rendus de l'Académie*, séance du 24 novembre 1845.

» et de leurs fleurs; d'autres doivent hâter la » mort et la décomposition des végétaux affaiblis » par l'âge ou par les maladies, afin qu'ils n'en- » combrent pas inutilement le sol, et qu'ils fas- » sent place à de nouveaux végétaux plus vigou- » reux. Les insectes sont alors de puissans » auxiliaires des agens atmosphériques, et cons- » tituent l'une des plus grandes forces de la na- » ture, en contribuant à convertir ces végétaux » morts en terreau fécond. D'autres insectes sont » destinés à nettoyer le sol des déjections des » animaux et de leurs débris, et la destruction de » ceux-ci est quelquefois si prompte, que l'im- » mortel Linné a dit que trois mouches à viande » (*musca vomitoria*) débarrassent la terre du » cadavre d'un cheval en aussi peu de temps » que le ferait un lion.

» Comme les insectes se multiplient d'une » manière infinie, que les œufs d'une seule fe- » melle se comptent par centaines et par mil- » liers, il fallait que cette multiplication fût res- » treinte dans de justes limites, afin que leurs » races ne fissent pas disparaître les végétaux, » dont elles doivent seulement limiter le nom- » bre. Pour amener ce résultat, de nombreux » insectes carnassiers ou parasites ont été créés;

» les uns font une chasse perpétuelle aux insec-
» tes qui vivent de végétaux, d'autres vont pon-
» dre des œufs dans le berceau de leur postérité,
» afin que les larves qui en naîtront dévorent
» celle-ci et se développent à ses dépens.

» Beaucoup de mammifères, d'oiseaux, de
» reptiles et de poissons ne vivent que d'insectes
» et en détruisent une grande quantité : mais il
» est évident que les insectes, placés entre les
» végétaux qu'ils tendent à détruire sans cesse,
» et une foule d'animaux qui les dévorent et les
» empêchent de devenir assez nombreux pour
» apporter des perturbations dans la grande
» harmonie de la création, constituent l'agent
» de la nature le plus actif pour opérer conti-
» nuellement la transformation de la nature et
» entretenir sur le globe une jeunesse perpé-
» tuelle (1). »

Étendez ces observations à l'universalité des êtres, vous aurez l'expression de la loi d'unité correspondante au devoir, comme la loi d'individualité correspond au droit; car le droit est le principe conservateur de l'individu, comme le

(1) Compte rendu du Voyage dans l'Inde de M. Fontanier.

devoir est le principe conservateur du tout, hors duquel nul individu ne subsisterait : de sorte que le droit et le devoir, inséparablement unis et ne se concevant que par leur union, représentent les conditions premières, absolues de toute existence, rien n'étant, dans le monde physique, qu'à la condition de la multiplicité individuelle de chaque type essentiellement un, et rien n'étant encore qu'à la condition que ces individus multiples, absorbés, transformés suivant l'ordre des relations qui lient les types eux-mêmes, entretiennent par leur destruction le foyer permanent de la vie. Animaux, plantes, entraînés par le même mouvement dans un cercle éternel de permutations incessantes, sont l'aliment les uns des autres, se donnent les uns aux autres et leur être et les élémens de leur être, sans quoi aucun d'eux n'existerait. La mort de chacun est la condition de la vie de tous, et, dans le mélange perpétuel de ces élémens innombrables, de ces formes individuelles qui se combinent pour produire d'autres formes, il y a comme une tendance secrète et constante vers une forme plus haute, plus parfaite, un effort continuel pour la réaliser, et ce travail incessant de destruction réciproque renferme un amour réciproque aussi, une mutuelle attraction de ces formes diverses, en même temps qu'une aspiration véhémente, invincible vers la forme suprême qui résume dans son unité l'organisation et ses lois.

Telle est, en ce qu'elle a de commun à tous les êtres, la législation de la société qui les ordonne au sein de l'Univers. L'homme lui-même, comme être organique, fait partie de cette grande société. Il existe entre lui et les animaux des sympathies du genre de celles qui unissent et les individus de chaque espèce, et, de proche en proche, les espèces diverses. A raison même du rang qu'il occupe dans leur hiérarchie, en relation avec tous les êtres animés, relations plus ou moins étroites selon que plus ou moins ils se rapprochent de lui, il entend leur langage, est ému de leur voix, et les ramenant, ainsi que les végétaux, à sa propre fin, il favorise leur développement, leur multiplication, par l'empire qu'il exerce sur la terre que modifie perpétuellement sa force intelligente. Il fait plus encore, il les attire à soi, les marque de son empreinte, leur communique, par une action intime et mystérieuse, quelque chose de sa nature plus élevée, comme on le voit surtout chez les animaux domestiques dont il adoucit les mœurs et dirige l'instinct vers une vie plus sociale, en développant en eux le principe de toute société, l'amour. Parmi les animaux livrés à eux-mêmes hors de son influence immédiate, l'amour aussi, l'amour social, existe et se manifeste par son caractère propre, le dévouement désintéressé, le sacrifice. Le père, et la mère surtout exposera sa vie pour sauver celle de ses petits. Le mâle défendra sa femelle, l'abeille sa ruche, le taureau le troupeau dont il est le chef, chaque membre des associations si variées qu'offre le règne animal, les autres membres. Mais nul sacrifice semblable en faveur d'individus d'une autre espèce, tandis que, sous l'influence de l'homme, on voit des animaux, transportés en quelque façon dans la sphère supérieure de sa vie, se dévouer pour lui et pour ce qui est à lui, et mourir même du seul regret de l'avoir perdu. Il y a donc ici un lien nouveau, un amour plus fort que l'amour de soi, amour qui ne descend vers rien d'inférieur, mais, par sa tendance naturelle, remonte vers un terme plus élevé, e dès lors n'est en soi que la tendance même universelle et nécessaire des êtres finis vers l'Être infini.

Et puisque chaque individu, chaque espèce, et l'ordre entier des êtres organiques ne se conserve que par l'obéissance de ces êtres aux lois sociales, expression des rapports particuliers qui les unissent et des conditions générales de la vie, il existe pour eux un véritable droit, droit non complet à leur égard, parce que, dénués d'intelligence, ils ne peuvent le connaître, ni dès lors y obéir librement, mais droit complet à l'égard de l'homme, et qui, au sens le plus rigoureux, engendre pour lui des devoirs correspondans. Et en effet, lorsqu'il détruit seulement pour détruire, lorsque, sans raison sérieuse d'utilité, par simple caprice, il tourmente des êtres qui sentent, ou les prive du bien qu'en voulant qu'ils fussent Dieu leur a donné, il viole la loi morale, il viole le droit.

Nous voici donc, pour ainsi dire, à l'entrée de la société conçue selon tout ce qu'enferme sa notion, de la société des êtres intelligens et libres. Avant d'appartenir à celle-ci, l'homme, qui résume en soi les natures inférieures, appartient aux deux autres. Dans les élémens étendus de son corps, il subit les lois nécessitantes de la société des êtres inorganiques. Ce même corps organisé, animé, est également soumis à celles des êtres organiques. Mais, comme les premières de ces lois sont modifiées par les secondes, elles le sont toutes semblablement par les lois supérieures de l'être intelligent et libre. Ces dernières sont les vraies lois de l'homme, et par conséquent celles dont nous devons particulièrement nous occuper, bien que, toutefois, elles n'offrent, comme on le verra, aucune différence radicale, et qu'elles ne se distinguent de celles qui régissent le monde soumis à la nécessité, que par un plus haut degré de perfection ou de développement.

CHAPITRE VI.

DE LA SOCIÉTÉ DES ÊTRES INTELLIGENS ET LIBRES.

La grandeur des êtres intelligens est de se connaître, parce qu'ils connaissent Dieu; et comme l'objet de leur connaissance est infini, qu'en pénétrant en Dieu par la vision de l'esprit, ils y découvrent successivement tout ce que renferme l'Être absolu, inépuisable source des réalités contingentes, leur première loi est celle d'un progrès éternel dans le Vrai et dans le Bien. Ils se distinguent en cela des êtres inférieurs bornés à l'instinct, lequel, si étonnant qu'il puisse être d'ailleurs, ne dépasse jamais certaines limites fixées par leur nature, et qui la circonscrivent immuablement. Ils ne voient pas Dieu, ni en Dieu les essences, les idées qu'affecte le caractère de nécessité. Leur unique sphère est celle du fini. Impuissans à s'élever au-dessus, ils ne perçoivent et ne combinent que les choses de pure sensation. Pour eux nulle liberté ; une impulsion fatale, irrésistible détermine leurs actes, et c'est pourquoi ils ne sauraient en aucune manière troubler l'ordre, et, bien que soumis à la règle universelle du droit et du devoir, aveuglément poussés dans leur voie dont aucun d'eux ne dévie, ils n'ont point de responsabilité morale.

Les êtres intelligens, au contraire, en relation immédiate avec le fini et l'infini, avec deux termes incommensurables qui leur fournissent respectivement des motifs d'action souvent opposés, sont libres par cela même, non d'une liberté infinie, exclusif attribut de Dieu seul, mais d'une liberté relative et d'autant plus grande qu'ils diffèrent plus des êtres simplement organiques, ou que leurs facultés supérieures ont atteint un plus haut degré de développement. Ils connaissent leurs lois et doivent les connaître toujours mieux. En cela surtout consiste le progrès, et cette connaissance qui fonde leur liberté, fonde aussi le pouvoir redoutable dont ils sont investis de violer l'ordre, ou d'introduire dans l'univers le mal qui ne pourrait s'y produire autrement.

Ainsi, chose étrange au premier aspect, le mal, en tant que possible, dérive de la perfection même incomparablement plus grande des êtres intelligens et libres ; il est pour eux la condition du bien, selon le mode où ils y participent et sont destinés à l'accomplir (1). La coopération des autres êtres au maintien de l'ordre général, résultat nécessaire d'une impulsion interne invincible, n'implique de leur part aucun choix réel : c'est pourquoi, dans les mêmes circonstances, les individus de la même espèce agissent tous pareillement. La volonté qui peut se déterminer en des sens divers, suivant la diversité radicale des motifs perçus et des attraits sentis, naît de la double connaissance et du double amour simultanés qui sollicitent les êtres intelligens à se porter vers l'infini qui se résout dans l'unité, et vers le fini qui se résout dans l'individualité. En leur état normal, ils sont maîtres d'agir, ou de ne pas agir, comme aussi d'incliner leur détermination à des actes opposés ; d'où l'obligation, dans le conflit entre les deux principes dont l'un tend à concentrer l'in-

(1) Voyez 2e partie, livre I.

dividu en soi, l'autre à opérer sa fusion dans le tout, de combattre sans cesse le premier, non pour le détruire, car il est lui-même un élément de l'ordre, un élément de la vie, mais pour le subordonner au second. En cela consiste la loi morale, fondement de la société entre les êtres capables de connaître, parce qu'elle est le lien qui les unit dans la sphère supérieure qui enveloppe toutes les autres. De là le nom dè religion, ce qui *relie*, et la religion, en tant qu'elle dérive de l'instinct, expression de la nature des êtres et leur principe de conservation, s'identifie à la conscience ou au sentiment indélibéré du bien et du mal dans leur rapport avec les actes libres.

Otez la liberté, la puissance du choix oū le pouvoir de violer la loi, la société des êtres intelligens ne différerait de celle des êtres organiques, que comme les sociétés particulières entre les individus de chaque espèce diffèrent, selon la diversité de ces espèces, leur perfection plus ou moins élevée. Mais l'intelligence étant inséparable de la liberté, la société des êtres intelligens, bien qu'elle ne soit, en un sens très vrai, que l'évolution continuée de la société des êtres inférieurs, bien qu'elle dépende fondamentalement des mêmes principes, qui ne sont que les conditions universelles de l'existence, constitue cependant, sous l'empire des mêmes lois radicales, non-seulement un degré nouveau, mais un nouvel ordre de société dont il importe de rechercher les caractères distinctifs.

Ils se rattachent, dans leur origine, au fait primitif de la vision de Dieu ou de la perception de l'infini, d'où naît la liberté avec l'intelligence; et de celle-ci naît encore le progrès continu ou le développement indéfini, apparent surtout à mesure qu'en comparant les faits qui le manifestent, on embrasse un plus grand nombre d'individus socialement unis, et un plus long espace de temps. Rien de semblable chez les êtres simplement doués d'instinct. Ce qu'ils sont d'abord, ils le sont toujours. Une limite fatale les maintient en des bornes que l'espèce ne dépasse jamais. Leurs fonctions dans l'univers, fonctions qu'ils remplissent aveuglément, avec une régularité mécanique, demeurent, à tous égards, immuablement les mêmes, aujourd'hui ce qu'elles seront demain, demain ce qu'elles étaient hier et dès le commencement, tandis que les êtres supérieurs, premièrement, savent qu'ils coopèrent à l'œuvre de Dieu, et qu'ils doivent y coopérer d'une manière sans cesse plus parfaite ; secondement, n'y peuvent coopérer ainsi que par leur propre perfectionnement, par une connaissance de plus en plus étendue de leurs lois et des lois du tout, laquelle est la règle de leurs actes, dont la sphère se dilate incessamment, sans aucun terme assignable. En pénétrant dans le vrai, ils réalisent le bien qui n'est que le vrai même, l'être en soi, dans son unité et dans sa variété, car ni le bien ni le vrai ne sauraient être conçus sous une autre notion, et le faux et le mal sont ce qui n'est pas, une tendance au néant, au non-être.

Instrumens de Dieu dans la création perpétuelle, co-créateurs, pour user de ce mot, les êtres intelligens dirigent à leur fin supérieure les lois du monde physique et organique, l'élevant de la sorte jusqu'à eux et l'associant à leur destinée plus haute ; comme le corps, sans changer de nature, est associé en chaque individu aux fonctions et aux destinées de l'essence spirituelle impérissable.

Sitôt que celle-ci se distingue elle-même de sa limite ou de son organisme par la connaissance qu'elle a de soi, la société se transforme, elle devient spirituelle aussi, non qu'elle cesse d'être organique et physique, mais parce que le lien principal, le véritable lien de ses membres, appartenant à l'ordre moral, est tout spirituel Ce qui les unit, ce n'est pas l'impulsion aveugle de l'instinct, mais la reconnaissance des mêmes droits et des mêmes devoirs accomplis en vertu d'un choix libre. Cette liberté de choix détermine parmi eux des modes divers d'association, et, pour ainsi dire, un travail incessant d'organisation, dont la tendance générale est de mieux correspondre à l'idée progressive du devoir et du droit, à l'incarner moins imparfaitement dans les institutions et les lois, comme aussi d'agrandir le cercle où s'exerce l'activité commune, de faciliter et d'ordonner par rapport à un but de plus en plus élevé, l'application aux choses extérieures, à la Nature entière, d'une puissance qui croît dans la même proportion que la science se développe.

Tels sont les principaux caractères distinctifs des êtres qui, au-dessus de l'Univers contingent et phénoménal, perçoivent l'Être infini, et, dans l'Être infini, les idées, les causes nécessaires, tout ce qui échappe aux sens et n'est l'objet que de la pure pensée. Mais, bien que les êtres à qui ce grand don a été départi, doivent exister, sous des conditions diverses de forme ou de nature, dans la plupart des mondes innombrables qui peuplent l'espace, et finalement exister dans tous, car le progrès ne s'arrête nulle part, nous n'avons néanmoins de relations perçues de nous qu'avec ceux de notre espèce, confinés que nous sommes en un point imperceptible de la Création.

De puissans motifs fondés sur la loi de développement continu et la loi d'unité, qui partout se combinent dans leurs effets inséparables, justifient le pressentiment instinctif d'un état futur, où, sous un autre mode d'existence, la sphère maintenant si limitée de nos rapports avec l'Univers s'agrandira indéfiniment; où non plus par la pensée seule, mais par un genre de communication effective et directe dont les moyens nous sont présentement inconnus, nous prendrons, en quelque manière, possession de tout ce que contient, dans son immensité, le vaste sein de la Nature; où s'établira entre nous et les autres êtres doués de facultés du même ordre, une société analogue à celle qui nous unit durant cette période initiale de notre existence.

Toutefois, pendant cette période terrestre, enfermés dans l'organisme actuel comme le fœtus dans ses enveloppes, nous ne saurions avoir, à l'égard des êtres intelligens et libres, la connaissance expérimentale d'aucune autre société que la nôtre. En dehors des lois indépendantes, par leur caractère d'universelle nécessité, de ce que les natures ont de divers, toute notre science n'est que celle de la société humaine, science déjà des plus compliquée, à cause de la multitude d'élémens dont elle se compose, et à peine naissante comme l'homme même. Elle croît avec lui, se développe avec lui, offrant sans cesse de nouveaux aspects, à mesure qu'il pénètre plus avant dans la connaissance des choses et de ses rapports avec elles, à mesure que le monde inférieur se découvre à ses regards et à sa pensée, et qu'il se révèle à lui-même par l'histoire qui lui montre sa propre évolution. C'est donc la société humaine qui va être l'objet de notre étude. Nous en chercherons d'abord la constitution spirituelle, parce que dans l'esprit est le lien primitif, le lien rigoureusement nécessaire de ses membres, dont l'union devient plus étroite ou plus faible, selon que ce lien se resserre ou se relâche. Il prend son origine dans les conditions les plus générales de toute existence, lesquelles, ainsi qu'on l'a vu, forment la grande législation du droit et du devoir. Toute législation particulière, en ce qu'elle a de fondamental, de salutaire, et, pour ainsi parler, de vivant, dérive de cette législation éternelle, élevée, sur sa base immuable, au-dessus de ce qui varie suivant les lieux et suivant les temps. Après l'avoir considérée en soi, nous la considérerons dans ses applications, dépendantes, en ce qu'elles ont de plus ou de moins parfait, du principe qui préside à l'organisation de la société, lequel se manifeste dans les formes qu'elle revêt et les conséquences qu'il entraîne dans l'ordre politique, l'ordre moral et l'ordre économique. Car la société a ceci de commun avec l'individu, qu'elle peut subsister à deux états, l'état normal et l'état anormal, l'état de santé, l'état de maladie, et les maladies de la société, bien que très-variées dans leurs nuances et leurs combinaisons, se rapportent à des types primitifs peu nombreux, comme les principes qui les engendrent.

On ne s'attend sûrement pas à trouver, en un livre tel que celui-ci, un traité complet de la science sociale. Nous essaierons seulement d'indiquer les bases et les lignes principales de l'édifice que le genre humain est appelé à construire dans ses innombrables détails et dans sa pleine magnificence. Si, malgré ses imperfections, notre travail peut aider à en concevoir l'ensemble, s'il peut répandre quelque lumière sur la route que doit suivre l'Humanité pour atteindre sa fin, nous aurons nous-même atteint celle que nous nous sommes proposée, peut-être avec trop de présomption, mais certainement avec un désir détaché de tout autre objet que le vrai et le bien, à la réalisation progressive desquels tous ont le devoir de concourir.

LIVRE II.

DE LA SOCIÉTÉ SPIRITUELLE.

—

CHAPITRE PREMIER.

QU'ENTRE LES ÊTRES CRÉÉS AUCUNE SOCIÉTÉ N'EST POSSIBLE QUE PAR LEUR SOCIÉTÉ PRIMITIVE AVEC DIEU.

Toute société a sa raison dans la société première des êtres contingens et finis avec l'Être infini, absolu. Car les individualités finies ne peuvent s'unir que dans l'unité primordiale et infinie, et par leur tendance commune vers elle. Les lois des sociétés inférieures et partielles doivent donc être cherchées dans les lois de la société universelle dont elles dérivent, et dont elles forment comme le prolongement dans le temps et l'espace : rayons mobiles et contingens d'un centre éternel et immobile, qui est Dieu.

En effet, ainsi qu'on a dû le rappeler tant de fois dans le cours de cet ouvrage, il existe en Dieu trois énergies personnelles individuellement distinctes, lesquelles ne forment qu'une même nature dans l'unité d'une même substance; de sorte qu'on peut également affirmer d'elles, à des points de vue divers, qu'elles sont un et qu'elles sont trois. Elles sont un par le fonds de leur être, elles sont trois par ce qui les spécifie dans cet être un, et toutes les lois de cette divine société se réduisent à la loi qui maintient éternellement l'individualité distincte de chaque énergie personnelle, et à celle qui ramène éternellement chacune de ces mêmes énergies à l'unité première, radicale, substantielle, d'où elles tirent tout leur être, l'être et la substance n'étant qu'une même chose. Que si une de ces énergies pouvait un seul instant cesser soit d'exister, soit d'agir selon son essence propre, privé dès lors de ce qui le constitue nécessairement ce qu'il est, Dieu s'évanouirait dans les abîmes de son être détruit, rien ne serait et rien ne pourrait être.

La Création entière est, comme on l'a vu,

unie à Dieu, en société avec Dieu, en vertu de deux lois semblables, ou plutôt des mêmes lois modifiées seulement selon la différence respective des termes qu'elles unissent. Car, si la Création tend vers Dieu et doit, pour subsister, tendre vers Dieu, vers l'unité première de qui découle tout être, elle ne peut jamais s'identifier à cette unité, être elle, et par conséquent le principe interne d'individualité dans les êtres créés, constitue en eux une unité finie et subordonnée, sans laquelle ils n'auraient aucune existence réelle; tandis qu'au contraire l'individualité personnelle des énergies divines se confond, par ce qu'elle a de substantiel, avec l'unité même de l'Être divin. D'où il suit que le caractère d'infini inhérent à chacune d'elles, n'est que l'infini même de l'être essentiellement un, non divisé, chose contradictoire, mais spécifié dans les propriétés nécessaires ou dans les énergies sans lesquelles il ne serait ni ne pourrait être, qui sont lui et distinctes en lui.

De cette différence radicale entre Dieu et les créatures, il résulte qu'elles ont toutes une tendance vers Dieu, vers l'unité première d'où découle leur propre unité, qu'elles sont liées à lui, en société avec lui, et ne subsistent que par ce lien, cette société avec le principe de tout ce qui est. Et comme toute société implique au moins deux termes, la société des créatures avec Dieu implique, outre l'être qu'elles tiennent de lui, qu'elles tirent de lui, par une participation limitée de sa substance, quelque chose par quoi elles sont séparées de Dieu, un principe propre qui, en les individualisant hors de Dieu, réalise ce second terme sans lequel nulle société ne saurait être conçue.

Outre sa tendance vers Dieu, toute créature a donc nécessairement encore une tendance vers soi, par laquelle elle s'efforce de se conserver et de se développer ; et, conséquemment, pour toute créature, il existe deux lois générales de la société, l'une qui l'oblige à se maintenir en union avec Dieu, source de son être, l'autre à conserver cet être, en tant que distinct de Dieu ; de sorte que, par celle-ci, conservant l'individualité de son être, elle conserve par celle-là le fonds même de son être.

D'où il est aisé de voir que nulle société, nulle union ne peut exister entre les créatures, que par leur union, leur société primitive avec Dieu. Car, bien que chacune d'elles communique aux autres perpétuellement quelque chose de soi, et reçoive aussi quelque chose d'elles perpétuellement, néanmoins aucune d'elles n'est centre, parce qu'aucune d'elles n'est la source de l'être, et que, si l'une d'elles pouvait devenir centre à l'égard de toutes les autres, centre dès lors universel et absolu, en soumettant à sa tendance interne et propre les autres tendances individuelles, elle finirait par absorber et par s'assimiler tout le reste, et, comme on l'a déjà dit rien ne serait, parce qu'il n'est pas une seule existence qui n'implique les relations harmoniques et nécessaires de toutes les existences.

La société entre les créatures a donc trois conditions, trois lois générales, l'une en vertu de laquelle elles sont unies à Dieu et tendent vers Dieu ; l'autre en vertu de laquelle chacune d'elles se conserve et se développe individuellement; la troisième enfin en vertu de laquelle chacune d'elles encore, soit nécessairement, soit librement, selon sa nature, soumet, en une certaine mesure, sa propre individualité à l'individualité des autres, également nécessaires à la conservation du tout.

Mais cette société universelle, qui renferme divers ordres de rapports relatifs aux natures diverses, n'atteint sa perfection que chez les êtres les plus parfaits, lesquels, résumant tous les autres, résument aussi leurs lois, en un mot, chez les êtres intelligens et libres.

Une en soi, comme l'être est un, elle offre néanmoins comme lui dans son unité des élémens complexes, dont chacun, bien que dépendant des mêmes lois radicales, a ses lois propres. Ainsi les lois de l'organisme, identiques pour le fonds aux lois supérieures qui régissent l'être spirituel, qui règlent sa volonté libre en réglant sa pensée, ses croyances, son amour, sont tout ensemble liées à celles-ci et distinctes d'elles. Pareillement, dans une sphère plus haute, la société n'étant qu'un individu collectif, la même distinction s'y présente ; elle a aussi ses lois spirituelles et ses lois organiques, qui se subdivisent elles-mêmes suivant leur but spécial, et, pour ainsi parler, suivant la nature des organes sociaux à la formation desquels elles président et dont elles doivent diriger l'action.

La législation spirituelle de la société s'appelle religion, et, selon la force du mot, la religion est ce qui *relie*, ce qui unit ; et en effet, nulle union réelle entre les êtres intelligens et libres, que par la loi religieuse, la loi de l'esprit, et l'union est proportionnée à la perfection de la loi, ou à la manière plus ou moins parfaite dont l'homme la connaît, la conçoit, l'accomplit par sa volonté, cause immédiate des actes.

La législation organique de la société émane de celle-ci et en reçoit, sous des formes qui peuvent varier indéfiniment, son caractère général et son efficace : observant toutefois que le bien et le mal résultant de ce qu'il y a d'exact ou de vrai, de faux ou d'incomplet dans la connaissance et dans la conception admise de la loi, ont leur limite, le bien dans la faiblesse de l'individu toujours enclin à l'exagération de son droit au préjudice du droit d'autrui, c'est-à-dire, à se faire centre, et centre absolu ; le mal, dans le principe même de vie, ou dans le principe moral instinctif qui reprend sur lui sa puissance sitôt que la passion aveugle et brutale cesse de le dominer.

Si la législation religieuse détermine le caractère spirituel de la société d'où dérive tout le reste, la législation organique préside à la formation du corps social, à sa conservation, à son évolution, et se rapporte à deux ordres, l'ordre politique et l'ordre économique. Le premier comprend l'ensemble des moyens coordonnés pour garantir le droit par l'accomplissement du devoir, et pour diriger l'action commune au plus grand bien de tous. Le second est cette action même organisée en vue de l'utile.

Ces divers élémens, quoique distincts, forment néanmoins, par leur étroite liaison, un tout indivisible. Aussi trouve-t-on partout, et là même où la société, née de l'instinct, n'en dépasse guère encore les limites, une loi religieuse, une loi politique, une loi économique, ou des usages traditionnels correspondans à ces notions, que le progrès de l'intelligence et de l'expérience développera. L'élément religieux, spirituel, moral, comme on voudra le nommer, précède les autres par son importance, par sa nécessité primitive, radicale, car nulle association possible sans lui. Otez le droit, ôtez le devoir, ou ôtez au droit et au devoir le caractère de loi reconnue, quelle union pourrait-il exister entre les hommes? Comment vivraient-ils rapprochés, ne se devant rien mutuellement, n'ayant de règle que la volonté de l'individu, dirigée par son seul intérêt, et dès lors établis en un état de guerre permanent? Point de société qu'en vertu de la loi spirituelle, et c'est dans la société spirituelle qu'au fond toute société se résume : car, si le reste, le corps et ce qui se rapporte directement au corps, est indispensable pour qu'elle soit, le corps cependant, condition de l'existence dans la sphère du fini, mais condition purement relative à la limite, le corps n'est pas plus la société conçue en soi, selon son essence intrinsèque, qu'il n'est l'homme.

Nous devons donc avant tout nous occuper de la société spirituelle, en rechercher les lois aussi simples que fécondes, de quelque obscurité que les aient enveloppées souvent et l'ignorance et les passions humaines. On a vu et l'on voit encore les opinions les plus bizarres, les erreurs les plus dangereuses trouver entrée dans les esprits et y régner souverainement. L'histoire des peuples n'est en partie que l'histoire des maux sortis de cette source funeste. Rien ne les sépare si profondément, rien n'excite entre eux des haines aussi violentes, aussi inexorables, que les fausses idées qu'ils se font de la loi destinée à les unir. Et cela même ne devrait-il pas être pour eux un avertissement qu'ils se sont écartés de la voie de la vérité et de la vie? Comment ce qui engendre les divisions, les dissensions, et, suivant les doctrines, les lieux, les temps, des multitudes de crimes publics et privés, serait-il l'expression de la volonté et de la raison suprême, la loi de l'ordre établi de Dieu pour la conservation et le développement des êtres que leur nature rapproche davantage de la sienne ? Il lui serait, certes, moins injurieux d'affirmer qu'il n'est pas, que de reporter en lui, par une horrible aberration de la pensée et de la conscience, l'origine lamentable de nos folies et de nos misères. Cependant, c'est là un fait général, un fait partout reproduit, un fait permanent : qui l'ignore ? Mais il est vrai aussi, il est consolant d'ajouter, que ce long égarement aura un terme, et que ce terme déjà on l'entrevoit dans les perspectives de l'avenir. Les préjugés s'éteignent peu à peu, les yeux s'ouvrent, et la lumière qui éclairera les générations plus heureuses appelées à nous succéder, commence à dissiper les ombres au sein desquelles la famille humaine a si longtemps erré, aspirant à un bien qui la fuyait toujours, et néanmoins, poussée par un secret instinct, ne cessant de le poursuivre avec une espérance immortelle.

CHAPITRE II.

DE LA LÉGISLATION SPIRITUELLE OU DE LA RELIGION.

Aucune erreur n'a jeté de perturbation plus générale et plus profonde dans les idées humaines, ni, par une conséquence nécessaire, dans les relations des hommes entre eux, dans la société tout entière, que celle de l'existence d'un ordre surnaturel, dont les lois ne sont ni les lois internes de Dieu, ni les lois propres de l'Univers, mais des volontés de l'Être absolu, lesquelles, n'ayant de raison qu'elles-mêmes, ne peuvent, en ce sens, être conçues que comme arbitraires. Par là même elles échappent à l'esprit, car, si de l'effet on peut remonter à sa cause, si de la cause on peut descendre à son effet, comprendre le lien qui les unit, la volonté pure se résout dans un acte pur qui n'a de rapport qu'à elle et la représente extérieurement ; on ne saurait la déduire de rien, en rien induire, simple fait isolé de toute loi.

L'hypothèse d'un ordre ainsi défini renferme non pas seulement d'insolubles difficultés, mais des contradictions évidentes (1). Une volonté sans motifs est un effet sans cause ; et tout motif, nécessairement relatif à l'intelligence, implique la connaissance que l'être voulant a de soi et de ses lois, du terme de sa volonté et des lois de ce terme, il n'est que cette connaissance présente à l'être et le déterminant à l'acte, sous la condition ultérieure de l'attrait ou de l'amour, sans quoi l'être agirait en vertu d'une nécessité physique aveugle (2), et l'idée même de volonté s'évanouirait.

(1) Voyez IIe part., liv. I.

(2) En ce dernier cas même, la différence ne serait, quant au fond, qu'apparente. Sous des spécifications diverses, les conditions générales de l'acte, le motif et l'attrait, sont universellement indispensables pour qu'un effet quelconque se produise. La force pure, qui, dans le monde physique, correspond à la volonté pure dans le monde moral, demeurerait à jamais latente, à jamais inerte, si l'action n'en était déterminée par la forme, radicalement identique à l'intelligence, et si elle n'était de plus sollicitée par le principe d'union ou de vie, identique à l'amour.

Que si l'acte de vouloir n'est possible qu'en vertu d'un motif et d'un attrait antérieurs à l'acte même, et si cet attrait et ce motif ont leur raison nécessaire dans la nature et les lois de l'être voulant, et dans la nature et les lois des êtres qui sont le terme de la volonté, sans quoi, leur étant étrangère, elle n'aurait réellement aucun terme, elle serait tout à la fois et ne serait pas une volonté ; d'une autre part, les effets qui la suivent, qui procèdent d'elle, ont un double rapport, l'un à leur cause ou à l'être voulant, l'autre au sujet où ces effets se produisent, et par conséquent, en cela encore, ils dépendent de la nature et des lois de la cause, de la nature et des lois du terme de la cause, renfermés tout entiers dans ces deux ordres et n'ayant hors d'eux de relation à rien.

Pour réduire la question à ce qu'elle a de plus général, n'est-il pas visible, en effet, que Dieu et l'Univers, ou l'être sous ses deux modes infini et fini, épuisent l'idée de toute existence possible? L'Univers constitue l'ordre de la Nature, laquelle n'est que l'ensemble des manifestations de l'être fini : Dieu ou l'Être infini constitue, dans son unité absolue et ses nécessités internes, l'ordre surnaturel ou l'ordre en dehors de la

Nature, en dehors du fini. Et comme le fini a sa racine dans l'infini, l'être limité dans l'être illimité, de qui il emprunte tout ce qu'il a d'être et auquel il doit demeurer uni pour conserver son être, l'ordre naturel a sa racine dans l'ordre surnaturel ; en d'autres termes, la Nature ne subsiste que par son union avec le Principe distinct d'elle et au-dessus d'elle, d'où dérivent et son être et les lois de son être, simples limitations contingentes de l'être nécessaire et de ses lois nécessaires.

Ainsi donc l'ordre naturel, c'est la Nature même et ses lois ; l'ordre surnaturel, c'est le Principe de la Nature, le principe de l'être ou l'Être absolu, c'est Dieu et ses lois. Conséquemment rien n'est produit, ne se conserve, ne subsiste dans l'Univers, que par l'union de ces deux ordres et suivant leurs lois. Tout phénomène de la Nature implique à son origine l'action surnaturelle du Principe de la Nature même, ou l'action de Dieu. Tout acte de Dieu, différent de l'acte interne par lequel il se réalise éternellement selon tout ce qu'il est, implique, comme une condition nécessaire, les lois du terme de cet acte, et Dieu n'agit, ne saurait agir sur la Nature et dans la Nature, que suivant les lois de la Nature : autrement, chose contradictoire, il n'existerait aucun rapport entre l'acte et le terme de l'acte.

Or, tel qu'on l'a conçu, si l'impossible se peut concevoir, l'ordre surnaturel ne serait ni l'ordre de la Nature (il en exclut au contraire l'idée), ni l'ordre interne de l'Être absolu, l'ensemble des nécessités et des lois qui le règlent au dedans de lui-même, mais quelque chose dont l'origine n'aurait de cause que sa volonté abstraitement séparée des conditions de tout acte de Dieu au-dehors de soi, conditions résultantes de sa propre essence ou de l'essence même de l'être.

L'hypothèse qui renferme tant de contradictions est donc inadmissible, quoique pourtant elle soit née d'une vue confuse du vrai, de l'idée que l'homme a naturellement de l'union nécessaire de Dieu et de son œuvre, et de l'action qu'il exerce continuellement en elle et sur elle. On ne s'est trompé, et peut-être était-ce d'abord inévitable, que sur le mode de cette action ; mais cette erreur entraîne des conséquences funestes qu'il importe de reconnaître, car, à toutes les époques, elles ont été le plus grand obstacle au développement normal de l'humanité, à son progrès dans le vrai et dans le bien.

La première de ces conséquences est que la législation spirituelle, la loi qui doit régler fondamentalement l'intelligence, l'amour, la volonté, inaccessible en soi à la raison humaine, en dehors d'elle, ne peut être l'objet d'aucun jugement quelconque, d'aucune apperception directe de l'esprit, incapable à jamais de la lier à rien de ce qu'il connait sous les conditions générales du vrai; qu'ainsi l'homme n'y saurait donner qu'un assentiment dénué de motifs pris en elle-même, y adhérer que par une croyance aveugle, par un acte pur de la volonté pure, ou par un acte radicalement et complétement arbitraire, à moins qu'on ne le suppose déterminé immédiatement par Dieu, auquel cas il devient nécessaire et fatal; de sorte qu'après avoir exclu la raison en ce qui touche la connaissance de la loi, on exclut encore la liberté en ce qui touche l'obéissance à la loi, et que, pour fonder l'ordre intellectuel et moral, on nie logiquement à l'origine, on détruit l'homme intellectuel et moral (1).

(1) L'expédient des motifs extérieurs pour légitimer la croyance dépourvue de motifs intrinsèques, n'atténue aucunement les conséquences sur lesquelles nous insistons ici.

Il y a plus, et ce n'est pas seulement la raison humaine, mais aussi la raison divine qu'on suppose étrangère à la loi spirituelle, puisqu'elle relève primitivement de la volonté pure de Dieu, et que, si elle émanait de la raison divine, si elle en était l'expression, elle serait accessible à la raison humaine, elle retomberait dans son domaine comme toute autre vérité, la raison humaine se résolvant dans la raison divine, dont elle n'est qu'une participation finie. On rentrerait dans l'ordre naturel, ou dans l'ordre des relations qui résultent de l'essence respective de Dieu et de l'Univers distincts et unis, et l'idée même d'un ordre différent, d'un ordre surnaturel, au sens qu'on donne à ce mot, disparaîtrait.

Une autre conséquence de ce qu'on vient de dire, est que cet ordre n'ayant de fondement ni dans la raison divine, ni dans la raison humaine, l'homme ne pourrait jamais rien déduire des croyances qui y ont leur origine, de croyances

Il se rapporte, d'ailleurs, à une hypothèse subséquente, celle d'une révélation surnaturelle, hypothèse qu'on pourrait appeler de déduction, et qui se résout évidemment dans l'hypothèse générale d'un ordre surnaturel.

séparées pour lui de toute conception préalable et de toute espèce de jugement, et que les premières vérités, celles d'où dépend sa vie supérieure et qui légitiment toutes les autres, étant radicalement insaisissables à sa pensée, celle-ci n'aurait aucune base solide, aucune règle sûre, et non-seulement le progrès, simple agitation dans le vide, n'offrirait aucune réalité possible, mais l'exercice même de l'intelligence ne serait qu'un jeu futile, une amère déception. Et que deviendrait l'homme moral? Comment le concevoir, concevoir un être doué de raison, et dont la raison tiendrait si peu de place dans sa nature et ses destinées, que tout ce qui l'intéresse le plus, la loi essentielle de son existence, de son esprit, de son amour, n'aurait avec elle aucun lien, et qu'elle n'aurait elle-même, en vertu d'une volonté divine arbitraire, aucune relation aux actes par lesquels il se conserve et se développe dans la sphère du vrai et du bien? Conçoit-on enfin un ordre moral sans responsabilité, ou une responsabilité indépendante de tout motif d'action émané de l'intelligence, indépendante de toute raison dans l'être responsable?

Mais l'on n'est pas plutôt sorti de la raison, l'on n'a pas plutôt soustrait à son jugement la législation spirituelle, que tout ce qu'on peut proposer sous ce nom à la croyance des hommes, se produisant à pareil titre, chaque homme est au même degré maître de son choix. L'acquiescement de l'esprit ne dépend plus des règles d'après lesquelles s'opère la distinction naturelle entre le vrai et le faux : libre ou nécessitée, la foi ne relève que d'elle-même, on croit parce qu'on veut croire, ou parce qu'une irrésistible impulsion de Dieu détermine à croire; et, dans ces deux cas, dont le dernier enveloppe le principe de tous les fanatismes et leur égale justification, parité entière d'un croyant à un autre croyant, quant au fondement de leurs croyances : quelque différentes qu'elles puissent être, ils ne sauraient réciproquement s'opposer rien qui n'ait, des deux parts, la même force.

Mais, comme il répugne que des doctrines contraires, bien que reposant sur une base logiquement identique, soient vraies à la fois, qu'il est impossible à l'homme d'admettre une contradiction si choquante, il est invinciblement contraint, pour échapper au doute absolu, de tenir pour fausses celles qui ne sont pas les siennes; tandis que, d'un autre côté, la doctrine à laquelle il adhère ayant le caractère de loi, d'une loi émanée directement de Dieu, de sa volonté souveraine, quiconque la rejette s'établit par là même en opposition avec Dieu, se constitue l'ennemi de Dieu ; d'où ces haines mutuelles, atroces, implacables qui, partout, à toutes les époques, ont animé les sectateurs des religions diverses et les ont armés les uns contre les autres, chacun combattant au nom de Dieu, en vertu d'un principe qui légitime et qui sanctifie tous les crimes, en même temps qu'il rompt, dans les dernières profondeurs de l'âme humaine, tous les liens sociaux.

En effet, on ne concevrait pas de séparation plus complète, ce n'est pas assez dire, d'hostilité plus radicale (1) que celle qui existerait entre les hommes de religions opposées, si, en dehors de ces religions, ils ne demeuraient unis, en une certaine mesure, par l'instinct d'une commune nature et de devoirs communs, le sentiment moral enfin, qu'elles ne sauraient entièrement dé-

(1) L'une et l'autre participant au caractère de leur cause ou de la volonté divine absolue, n'ont ni terme ni limite, infinies toutes les deux, toutes les deux éternelles ; et cette conséquence, la logique, inexorable comme la nécessité, a forcé la théologie d'en faire un dogme.

truire, parce qu'il est la vie même. Toutefois, s'il subsiste malgré leur action, il subsiste affaibli dans les relations ordinaires, soit des individus, soit des peuples, et s'éteint momentanément dans les guerres qu'engendre l'antagonisme des religions, et en proportion même de la foi qu'elles inspirent. Or, comment ce qui substitue, au sein des sociétés humaines, un principe de division et de haine au principe d'union et d'amour, ou un principe de mort au principe de vie, serait-il l'expression de la volonté divine? *Dieu n'est pas le Dieu des morts, mais des vivans*, selon la parole du Christ, dont la voix, quand ce cri sublime s'échappa de son âme, fut la voix même de l'humanité.

Soit donc qu'on regarde aux conséquences qu'a, par rapport au vrai, l'hypothèse d'un ordre surnaturel, soit que l'on considère celles qu'elle entraîne à l'égard du bien ou de la vie sociale et morale, on est également contraint de la rejeter comme une des plus pernicieuses erreurs qui aient pu jamais s'introduire dans le monde dont elle a été le fléau.

Aussi, est-ce hors de ce monde, hors du monde présent, qu'on en a placé le point d'appui et la sanction, montrant à l'homme, au-delà de l'existence terrestre, le prix de l'obéissance exigée de lui à des lois que sa raison ne saurait comprendre, et qu'il lui est même interdit d'examiner, en ce sens au moins que l'acquiescement de l'esprit ou l'obligation de croire ne dépend, en aucune manière, du résultat logique de l'examen. L'ordre surnaturel ou l'ordre déterminé par la volonté pure de Dieu, est donc principalement relatif à la fin ultérieure de l'homme. Mais la fin de l'homme, à toutes les phases de son développement éternel, qu'est-ce, sinon la fin de la nature humaine, puisque l'homme n'est lui-même que cette nature réalisée au sein de l'Univers, ou incarnée dans des organismes individuellement distincts, indéfiniment multiples? Toute autre fin est donc non-seulement chimérique, mais contradictoire. Quoi que ce soit qu'on veuille substituer à cette fin naturelle, dès qu'on essaie de le définir, le langage se refuse à exprimer ce que l'esprit ne saurait concevoir, ou plutôt ce qu'il conçoit nettement être impossible.

Ainsi, par ce côté encore, on arrive à reconnaître deux seuls ordres, qui, d'ailleurs identiques, diffèrent uniquement comme l'infini diffère du fini, l'ordre interne de Dieu, de l'ordre de l'Univers extérieur à Dieu. Et l'Univers n'étant que la reproduction éternellement progressive de Dieu sous les conditions du fini, l'Univers tend vers Dieu, ou, en d'autres termes, Dieu est la fin de l'Univers, et conséquemment de tous les êtres dont se compose l'Univers. Il est donc aussi la fin de l'homme, et l'homme tend à sa fin, comme toute la Création, en vertu de ses lois naturelles; il s'en rapproche ou s'approche de Dieu, suivant la perfection de son obéissance à ces mêmes lois, qui sont les lois de sa vie, les lois de sa conservation et de son développement. Mais le terme où il tend, il ne l'atteindra jamais, parce qu'il ne sera jamais l'Être infini, jamais il ne sera Dieu, et qu'il ne pourrait le devenir que par une complète absorption en Dieu, ou par son propre anéantissement, par la destruction absolue de son individualité personnelle.

Le système qu'on vient de discuter devait se produire aux époques premières, et il devait aussi, se modifiant selon le progrès de la connaissance, s'évanouir enfin devant la lumière qui peu à peu dissipe les ombres où s'égare l'esprit. Il appartient originairement à l'âge poétique du genre humain, à cet âge où l'imagination, avide du merveilleux, s'efforce de résoudre le grand problème de l'homme et de ses destinées, non par les lois universelles des êtres, lois ignorées encore et que le temps seul révèle, mais par l'intervention permanente, immédiate de la Cause infinie, dont ces lois ignorées sont le mode nécessaire d'action. Toutes les idées étant confondues, tantôt Dieu, devenu homme, agit selon les pensées et les passions humaines, tantôt l'homme, devenu Dieu, revêt ses attributs, exerce sa puissance : d'où, en dehors de toute loi, en dehors des lois naturelles de Dieu, en dehors des lois naturelles de l'homme, en dehors de tout ce qui est et peut être, ce fantôme vide qu'on a nommé ordre surnaturel. Laissons ces vaines rêveries, fables surannées des peuples enfans, et cherchons, avec le secours de la raison virile et de la science certaine, les véritables bases de la législation spirituelle.

CHAPITRE III.

QUE LA LÉGISLATION SPIRITUELLE ET LA RELIGION SONT UNE MÊME CHOSE, ET QU'IL N'EN PEUT EXISTER QU'UNE, LAQUELLE DÉRIVE DE LA NATURE DE L'ÊTRE INFINI ET DE CELLE DES ÊTRES FINIS.

On a vu que l'existence des êtres finis dépendait de certaines conditions nécessaires, qui constituent les lois universelles de la Création. Dans leur application à chaque nature distincte, elles représentent et règlent les rapports de chacun de ces êtres avec Dieu ou le principe de l'être, et avec les autres êtres soit de même nature, soit de nature diverse. La religion, ou ce qui *relie*, ce qui unit, n'est donc que ces lois mêmes, et puisqu'elles s'étendent à tous les êtres, quelle que soit la distance qui les sépare d'ailleurs, la religion également les embrasse tous dans sa vaste enceinte. Cependant, par une restriction qui n'affecte que le langage, on est convenu d'appeler religion les lois supérieures des êtres intelligens et libres, et spécialement de l'homme. Ainsi, en ce sens moins général, la religion est ce qui unit les hommes à Dieu et les hommes entre eux.

Il suit de là, qu'à l'égard de l'homme comme de la Création entière, la religion dérivant de la nature de l'Être infini et de la nature des êtres finis, ne diffère aucunement de l'ordre naturel, qui comprend les relations de Dieu et de son œuvre, et les relations réciproques des parties de son œuvre, où des êtres dont elle se compose. C'est pourquoi, avec une sagesse profonde, la haute antiquité, reconnaissant en elle la base première de toute société, la source du droit et du devoir, la définissait par son caractère éternel, souverain, et la nommait LA LOI.

De ce qu'on a dit, il suit encore que la religion est une, puisque la loi suprême, expression de la nature des êtres, est invariable comme elle. On peut la connaître plus ou moins, la concevoir plus ou moins parfaitement ou imparfaitement; mais qu'il puisse exister deux religions diverses, c'est une contradiction dans les termes mêmes.

La création inférieure obéit fatalement à ses lois, et dès lors atteint infailliblement sa fin.

Mais l'homme peut se détourner de la sienne, il peut à son gré agir ou ne pas agir, et diriger ses actes en des sens opposés : c'est pourquoi il lui faut une règle. La religion est cette règle. Elle a pour objet de le maintenir dans ses vrais rapports avec ce qui n'est pas lui, ou de maintenir l'union qui doit subsister entre lui et Dieu, entre lui et les autres êtres, soit semblables à lui, soit différens de lui ; et c'est ce qu'on appelle l'ordre.

S'il était, comme les êtres dénués d'intelligence, soumis à la nécessité, il ne pourrait, non plus qu'eux, violer cet ordre essentiel, et l'union qu'il doit conserver avec Dieu et les autres êtres serait toujours tout ce qu'elle peut être, parce que toujours il se conserverait dans ses vrais rapports avec eux. Mais, libre de les intervertir, il les intervertit en effet souvent par l'abus qu'il fait de sa liberté même : d'où le mal moral et ses conséquences. Il faut donc que sa volonté soit ramenée dans les voies de l'ordre, lorsqu'elle tend à s'en écarter, il faut qu'elle y soit retenue par une influence compatible avec ses libres déterminations, qu'il lui soit possible d'incliner son choix vers le bien, que quelque chose l'y induise, l'y porte ; et la religion n'a pas d'autre but.

Or la volonté implique deux conditions, la connaissance de son objet et l'amour de cet objet, autrement, un motif et un attrait. Nulle volonté possible sans cela, par conséquent nul acte dépendant de la volonté.

En ce qui touche les lois supérieures de l'homme, la connaissance, d'où naît le motif, a été nommée dogme; l'amour ou l'attrait engendre le mouvement qui accomplit l'union; l'acte ou le terme de la volonté est proprement le culte; et le culte a deux relations, l'une à l'Être infini, l'autre aux êtres finis, et alors on l'appelle morale.

Nous considérerons d'abord la religion dans ses relations à Dieu. Mais, auparavant, il convient de rechercher quelle en est la source première, antérieurement à la forme qu'elle revêt et aux développemens qu'elle reçoit, lorsque l'intelligence, latente jusque-là, se développe elle-même.

Le premier regard jeté sur la Création suffit pour qu'on reconnaisse en elle une tendance générale à s'élever, par un enchaînement de formes de plus en plus complexes, de plus en plus parfaites, vers une forme dernière qui ne peut être conçue que comme infinie, ou comme la forme propre de Dieu même, dont toutes les autres ne sont, sous des limitations diverses, qu'une participation finie. Mais la forme qui constitue la nature spécifique de chaque être ne saurait croître en perfection, que le principe d'activité et le principe de vie, lesquels pareillement ne sont qu'une participation finie de la force et de la vie divine, ne soient associés à cette perfection plus grande. Il y a donc dans la Création une tendance générale vers Dieu, un mouvement perpétuel d'ascension en vertu duquel, se rapprochant de lui sans cesse, elle s'efforce, pour parler ainsi, de le reproduire selon tout ce qu'il est.

D'un autre côté, cette tendance vers Dieu, ce mouvement continu d'ascension par la production de formes nouvelles dont les formes plus simples antérieurement réalisées sont les élémens nécessaires, implique, à l'égard de chaque être, quelle que soit sa nature ou sa forme spécifique, une loi de conservation et une loi de développement. Ces deux lois, on le sait déjà, expriment, au sein de l'Univers, les conditions primordiales et radicales de toute existence. Car rien n'est que sous la condition de la multiplicité indéfinie des individus qui représentent dans le monde physique chaque type essentiellement un, que sous la condition dès lors que les individus se conservent en une certaine mesure que détermine la statique de la Création; et rien n'est encore que sous la condition du sacrifice de ces mêmes individus, continuellement renouvelés d'ailleurs, à la conservation et au développement des autres êtres qui, se nourrissant d'eux, ne subsistent que par ce sacrifice.

Ainsi s'accomplit, au degré et selon le mode que comporte leur nature, l'union des êtres finis entre eux, et leur union avec le Principe de l'être, avec Dieu ; et cette double union s'effectue par les actions mêmes que règlent leurs lois naturelles ; de sorte que ces lois sont, au sens le plus rigoureux, la religion de chacun de ces êtres et de tous les ordres d'êtres assujettis à la nécessité.

La religion, à l'égard de l'homme, n'est non plus que le lien qui l'unit à la Création et à son Auteur, les conditions premières, universelles de l'existence dans leurs rapports à sa nature propre. Dès l'instant où il commence d'être, une secrète impulsion, pareille à celle qui dirige dans leurs voies les êtres inférieurs, le détermine à l'accomplissement des actes conformes à ses lois naturelles. Si ensuite il peut les violer, cette puissance ne détruit pas plus l'impulsion interne qui n'est que l'action de la nature même, qu'elle n'altère les lois auxquelles il doit se soumettre pour se maintenir dans l'ordre d'où dépendent et sa conservation et son développement normal. Il y a toujours en lui deux tendances instinctives, l'une vers soi, dont l'effet, si elle prédominait, serait de le concentrer exclusivement en soi, l'autre vers un terme extérieur, laquelle se résout dans la tendance vers Dieu. Il s'aime naturellement, et naturellement il aime les êtres semblables à lui, et tous les êtres et le Principe de l'être. Avant que la lumière intellectuelle lui ait révélé le monde moral, il agit déjà sous l'influence de l'attrait qui deviendra en lui l'amour éclairé du Vrai, du Bien, du Beau, du Juste ; car l'intelligence n'ajoute à cet attrait natif, que la notion de loi, et, suivant la mesure de la connaissance acquise, celle de la raison de la loi.

Nulle société ne serait possible si à l'amour de soi ne se joignait cet autre amour primitif aussi, indélibéré, désintéressé, qui engendre les actes nécessaires de dévouement et de sacrifice. Aussi, quelles que puissent être les erreurs de l'esprit, quel que soit l'égarement des préjugés, des faux systèmes, subsiste-t-il immuablement, à des degrés divers de puissance en chacun, mais efficace en tous, quand la passion plus forte ne l'étouffe pas momentanément. Il est ce qu'on nomme la conscience, la voix intérieure qui, lorsque le devoir ou le droit est violé, réclame, avec une constance inflexible, contre sa violation. Là où l'inspiration de la nature commune domine celles de la pure individualité, au sein des masses, du peuple assemblé, alors que le souffle de vie passe rapidement de l'un à l'autre, croissant en énergie par ce mouvement même, cette intime communication, le sentiment du Bien, du Juste, n'apparaît-il pas dans sa pleine spontanéité et son souverain empire? Qui oserait y rien opposer, qui pourrait même entendre au dedans de soi les secrètes suggestions de l'égoïsme solitaire, sitôt que des entrailles de cette foule émue s'est élevé le grand, le vrai, l'éternel cri de l'âme humaine? Elle se porte d'elle-même à ce qu'exigent les lois suprêmes de l'ordre, toutes les fois qu'elle n'est pas sous l'influence actuelle de quelque intérêt personnel : et que fait-elle en cela qu'obéir au penchant inné, à l'impulsion de la nature? N'est-ce pas la nature seule, en dehors de tout acte réfléchi, qui triomphe de l'intérêt même, de l'intérêt individuel, en mille circonstances où, par un soudain entraînement, les hommes affrontent les derniers dangers pour y soustraire autrui, exposent ce qu'ils ont de plus cher, la vie, et la perdent volontairement pour sauver celle d'un inconnu, sans compensation possible dans la sphère de l'existence terrestre? Rien de plus faux donc que la funeste et dégradante doctrine selon laquelle l'homme, asservi à l'influence unique du sentiment de l'intérêt propre, n'aurait d'autre moteur de ses actes que l'amour de soi. L'amour désintéressé, l'amour par lequel il se subordonne et se dévoue à autrui suivant les lois conservatrices du tout, ne lui est pas moins naturel, sans quoi aucun devoir dont l'accomplissement ne fût naturellement impossible, puisque la condition interne indispensable pour l'accomplir manquerait. Il ne pourrait dès lors concourir à l'ordre et remplir la fonction qui lui est assignée dans l'Univers, qu'autant qu'une puissance extérieure l'y déterminerait physiquement, et, dans ce cas, instrument passif de cette puissance irrésistible, il serait, à toutes les phases de son développement, privé de liberté.

La religion a donc au fond de la nature humaine des racines antérieures à la naissance de la pensée ; elle est instinct avant d'être croyance, et reste encore instinct après que la raison l'a revêtue d'une forme saisissable à l'esprit, après qu'il a reconnu en elle le caractère de loi, d'une loi qui oblige l'être libre ; de sorte qu'opposé aux erreurs qu'engendre la faiblesse de la raison même, le sentiment instinctif impérissable et inaltérable, en arrête les effets, les restreint en de certaines limites, et fait constamment prévaloir le bien sur le mal, l'ordre sur le désordre, dans la somme des actes. S'il n'en était ainsi, le genre humain aurait péri depuis longtemps par la violation des lois fondamentales de sa vie.

Cela posé, nous pouvons maintenant traiter de ces lois en tant qu'objet de la connaissance, ou essayer d'établir rationnellement les bases de la société, lesquelles ne sont que la religion même, la religion étant ce qui nous unit à Dieu d'abord, ensuite aux êtres semblables à nous et à tous les êtres.

CHAPITRE IV.

DE LA RELIGION DANS SES RELATIONS A DIEU.

Le passé n'est plus, le présent est insaisissable ; qu'est-ce donc qu'exister pour les êtres assujettis aux conditions d'une durée successive, aux conditions du temps? Exister, pour eux, c'est pénétrer continuellement dans l'être, l'aspirer, se le rendre propre : d'où le mouvement perpétuel de la Création en avant, attiré qu'elle est vers le centre absolu, l'Être infini, de qui tout ce qu'elle a d'être n'est qu'une participation affectée d'une limite éternelle, mais qui aussi fuit éternellement.

La Création, ainsi que nous l'avons remarqué déjà, implique donc, avec une tendance permanente à s'unir à Dieu, une union effective à Dieu, union nécessaire pour qu'elle soit, pour que l'être fini possède une existence réelle, car pour être, il faut être uni au Principe de l'être, à l'Être essentiel existant de soi par une nécessité intrinsèque.

L'union à Dieu est donc la première loi de tous les êtres, puisqu'ils n'existent que par cette union, que par la mesure d'être, pour ainsi parler, qu'ils reçoivent de l'Être infini et puisent nécessairement en lui.

De plus, comme on l'a fait voir encore, si les êtres finis n'étaient unis à Dieu, ils ne pourraient l'être entre eux, car le mouvement même qui les porte les uns vers les autres suivant les lois de l'ordre universel, implique un mouvement, une tendance vers un centre commun. Cela est clair dans le monde physique, image à cet égard du monde spirituel, qu'il représente au sein de l'espace.

Or, être uni à Dieu, c'est être un avec Dieu, autant que cette unité est possible. Divers pour les êtres divers, le degré et le mode d'union dépendent de leur nature spéciale, depuis les êtres inorganisés jusqu'aux êtres intelligens et libres, à qui la perfection de l'être, la perfection divine est montrée comme le terme dont ils doivent perpétuellement se rapprocher, sans pouvoir l'atteindre jamais.

Que si, pour être unis entre eux et pour conserver ce qu'ils ont d'être, tous les êtres doivent être unis au Principe de l'être, à l'Être infini, la nécessité de cette union est encore évidente sous un autre aspect. Chacun d'eux, en effet, suivant la place qu'il occupe dans le tout, est associé à l'action de Dieu, à l'éternel travail par lequel éternellement il se réalise sous les conditions de la limite et conséquemment d'une évolution sans fin. L'existence des êtres finis n'a pas d'autre raison. Ils sont à la fois dans leur ensemble, la production de ce travail divin et les moyens, les instrumens par lesquels il s'opère. Créés et créateurs dans la sphère des fonctions que détermine leur nature respective, ils ne sauraient remplir ces fonctions, coopérer à l'œuvre de Dieu, qu'autant qu'ils sont unis à lui, un avec lui dans leur degré d'être, qu'autant qu'il se reproduit en eux à ce degré selon tout ce qu'il est, selon tout ce qu'enferme essentiellement l'idée de l'être, et qu'on n'en pourrait séparer sans qu'elle s'évanouisse entièrement.

L'homme doit donc le représenter, le reproduire en soi en tant qu'Intelligence, en tant qu'Amour, en tant que Puissance. Les lois de son union avec Dieu sont donc les lois de l'intelligence, les lois de l'amour, les lois de la puissance ou de la volonté. En d'autres termes, il doit être associé toujours plus parfaitement à la connaissance que Dieu a de soi, à l'amour qu'il a pour soi, lequel proprement est sa vie interne, à sa volonté qui n'est que la puissance, l'énergie active et première sans laquelle il ne serait pas, sans laquelle rien ne serait.

D'ailleurs, étant libre dans le choix de ses actes, pouvant, s'il le veut, obéir aux lois qui doivent les régler, et les transgresser s'il le veut, il faut que l'homme les connaisse et les aime pour vouloir selon l'ordre, qu'il connaisse, dès lors, et qu'il aime Dieu, qui est à la fois et le principe et la perfection de tout ordre. Or, connaître Dieu et l'aimer, c'est lui être uni par l'amour et l'intelligence, c'est-à-dire, par ce qui détermine la volonté et la rend possible.

Dans cette sphère supérieure, s'il se produit des phénomènes nouveaux, les lois restent immuables. Radicalement les mêmes, rien n'a changé que le sujet à qui elles s'appliquent, et qui ne peut être autre sans que leurs rapports avec lui ne soient autres aussi. Ces différences externes, d'où résulte la variété dans l'unité, n'en affectent aucunement l'essence. Ainsi les lois des êtres placés au-dessous de l'homme dans la hiérarchie de la nature, sont identiquement les lois de l'homme; et, dans l'homme même, les lois physiques et physiologiques, d'après lesquelles s'accomplissent nécessairement des multitudes d'actes indispensables pour la conservation de l'organisme, ne diffèrent pas au fond des lois soumises à sa volonté libre. Par une partie de lui-même, semblable aux êtres inférieurs, il est comme eux astreint à la nécessité; par une autre partie de son être, affranchi de la nécessité, il dispose de soi. Mais, quant aux lois suivant lesquelles il en doit disposer, qui doivent régler sa libre action, ce sont encore ses lois antérieures, les lois essentielles de l'être organique, elles n'ont subi aucune modification intrinsèque. Que s'est-il donc passé? Devenues l'objet de la connaissance d'où naît le motif et le pouvoir du choix, elles se manifestent dans leurs rapports avec l'être intelligent, aimant et voulant, voilà tout.

La première de ces lois, relative à l'union nécessaire avec Dieu, s'étend, comme les autres, à tous les êtres, car tous les êtres, pour exister, doivent être unis au Principe de l'être. Entre eux et l'homme intelligent, nulle différence que dans le mode d'union, déterminé pour chaque être divers par sa nature spéciale. L'impulsion innée de la sienne, identique à l'aspiration de tout être à continuer d'être, porte donc l'homme vers Dieu. En vertu d'un instinct natif, que la pensée ensuite développe et perfectionne, il tend invinciblement à s'unir à lui ; et de là ce qu'on nomme religion, qui n'est que la manifestation universelle de cette tendance. La religion, en effet, existe partout où apparaît un commencement de société humaine ; elle en est la racine, le germe indestructible, la loi première et fondamentale. Variable dans ses formes et ses conceptions secondaires, parce qu'en cela elle dépend du degré de la connaissance, des vues incertaines de l'esprit, et peut être affectée de ses erreurs, elle préside au mouvement de la civilisation et en caractérise les progrès. C'est pourquoi toutes les grandes révolutions qui changent la face du monde sont des révolutions religieuses. Les modifications souvent si profondes qu'elles apportent dans l'ordre politique, dans la législation, les mœurs, dérivent de l'idée, de la conception nouvelle qui de la raison a pénétré dans la conscience des peuples. Elles représentent à cet égard, au sein de l'Humanité, les phases d'une évolution analogue à celle que la science constate dans la Création. Les lois générales demeurant les mêmes, il se produit successivement sur notre globe et, sans aucun doute, sur les autres globes, des êtres plus parfaits, dont ceux qui les ont précédés ont été les élémens nécessaires. Ainsi, dans la même nature immuable, l'homme s'élève en degrés de perfection à mesure que se perfectionne la religion, ou à mesure que l'instinct primitif revêtant une forme intellectuelle supérieure, aux conceptions anciennes succède une conception plus complète qu'elles ont préparée, dont elles ont été, en ce qu'elles contenaient de vrai, les élémens nécessaires.

Un des résultats de ce progrès doit être ici remarqué. Au commencement, le dogme émane, exclusivement presque, de la pensée pure, d'une certaine vue spontanée des choses que l'imagination cherche à proportionner à l'instinctif besoin de l'infini; d'où son caractère poétique, le merveilleux, le mystérieux si puissant toujours, si puissant surtout sur l'esprit jeune encore. Ainsi séparé de la science qui ne naîtra que plus tard, de la science fondée sur l'observation et théoriquement développée par des méthodes rigoureuses, il s'impose et ne se prouve pas, subsistant de lui-même dans une sphère à part, aussi longtemps que la raison subjuguée s'y soumet, que rien n'éveille en elle, avec le doute, le désir d'une nouvelle lumière. Mais, plus on s'éloigne de cet état initial, plus se manifeste la tendance du dogme à se rapprocher de la science, à se confondre avec elle, de sorte que la conception des causes premières et nécessaires et des lois de leur action, concorde avec la connaissance scientifiquement acquise des causes et des lois secondaires qui déterminent les phénomènes de la Création. Car il est clair que, comme les causes et les lois contingentes des êtres contingens doivent avoir leur raison et leur origine dans les causes et les lois absolues de l'Être nécessaire, celles-ci doivent être représentées par elles au sein de l'Univers, dont l'évolution n'est que leur propre évolution sous les conditions du fini. Ainsi, dans l'ordre de l'intelligence, s'effectue le mouvement vers l'unité, ou, sous l'une de ses faces, le mouvement de l'homme tout entier vers Dieu.

CHAPITRE V.

MODE PRIMITIF ET FONDAMENTAL D'UNION DE L'INTELLIGENCE AVEC DIEU.

Il est dans l'évolution de l'homme individuel, une époque où l'intelligence n'étant pas née encore, il n'a rien par quoi, à cet égard, il se distingue des êtres inférieurs. Obéissant comme eux à l'instinct aveugle, comme eux assujetti à la nécessité, ce qui plus tard établira entre eux et lui des différences réciproquement incommensurables, la faculté de connaître, de percevoir le vrai essentiel, indépendant des phénomènes, existe sans doute au fond de sa nature, mais seulement en puissance, virtuellement, ainsi que la liberté dont elle est une des conditions.

On ne saurait assigner le moment où cette haute faculté de percevoir le vrai, se développant avec les organes nécessaires instrumens de son action, commence à transformer, s'il est

permis de s'exprimer de la sorte, l'animal humain en homme véritable; car, suivant la loi générale des croissances naturelles, ce changement s'opère par une suite continue de degrés insensibles. Mais enfin il s'opère, et à ce développement merveilleux s'en joint un autre qui en est le signe et, en partie, le moyen. Le langage jusque-là composé de simples voix spontanées, invariables, que déterminent pour chaque espèce le pur instinct et la sensation, devient le langage articulé, correspondant à la pensée et progressif comme elle.

A part toute théorie, toute vue systématique, si, parmi les faits que chacun peut observer en soi, on cherche la condition primordiale de l'intelligence, ce qui la caractérise originairement, ce sans quoi elle n'aurait ni manifestation, ni existence possible, on reconnaît aussitôt que cette condition de fait est le pouvoir interne d'énoncer ou d'affirmer une proposition quelconque. Affirmer, énoncer quelque chose intérieurement, c'est, en effet, la pensée même. Qui ne pourrait rien énoncer, rien affirmer, que serait-il intellectuellement? L'impuissance supposée n'implique t-elle pas la négation de toute perception de l'esprit, conséquemment la négation de toute intelligence? L'intelligence est donc radicalement inséparable du pouvoir d'affirmer ou d'énoncer. Or, nulle affirmation, nulle énonciation que par le mot *est*, et l'idée qui y correspond. Cette idée est donc la racine, la condition première et nécessaire de l'intelligence.

Mais l'idée correspondante au mot *est*, sans laquelle il ne serait qu'un son vide, est la pure idée de l'être, ou l'idée de l'être illimité, absolu, infini dès lors, et l'être infini, absolu, c'est Dieu, sous sa notion fondamentale. Donc l'intelligence implique rigoureusement l'idée, la perception primitive de Dieu. Avant cette perception, elle n'est pas encore; c'est par elle qu'elle naît, et toute énonciation, toute affirmation ultérieure renferme cette première affirmation, puisqu'en prononçant le mot *est*, en disant *cela est*, on affirme l'être, on affirme Dieu.

D'une autre part, pour affirmer, énoncer quoi que ce soit, il faut être. Énoncer, affirmer quoi que ce soit, c'est donc aussi s'affirmer soi-même, et s'affirmer, selon la conscience qu'on a de soi, comme distinct de l'être absolu, infini, comme lui en tant qu'être, puisque l'être est un, comme différent de lui, par l'invincible sentiment de n'être pas tout l'être, ou par le sentiment de sa propre limitation ; c'est, en un mot, s'affirmer comme être fini.

Ainsi l'idée de l'être infini et l'idée de l'être fini simultanément présentes à l'esprit et affirmées simultanément, constituent primitivement l'intelligence, et la caractérisent en ce qu'elle a de nécessaire et de radical.

L'affirmation de soi en tant qu'être fini, enveloppe l'affirmation plus générale de l'être sous ce mode, quelle que soit sa spécification relative aux diverses formes qu'il peut revêtir, ou aux individus de même forme numériquement distincts. D'ailleurs, la conscience de soi est inséparable de la conscience de ce qui n'est pas soi : un sentiment primordial avertit chacun de l'existence d'objets extérieurs qu'il n'a pas plus le pouvoir de nier, qu'il n'a le pouvoir de se nier lui-même.

En percevant et en affirmant l'être sous ses deux modes infini et fini, l'esprit perçoit et affirme simultanément Dieu et l'Univers, tout ce qui est et tout ce qui peut être. Il le perçoit, l'affirme sous son aspect le plus général, par un acte antérieur à toute conception dépendante de la connaissance de ce qu'enferme de multiple et de divers, dans son unité radicale, le double objet de la conception. L'intelligence est née, la science est encore à naître.

Cette perception, cette vision première, génératrice de l'intelligence, implique, du côté de l'être qui voit ou perçoit, la faculté native de voir ou de percevoir; et, du côté des objets perçus, la manifestation d'eux-mêmes, car s'ils ne se manifestaient, ne se révélaient, toute vision ou toute perception serait évidemment impossible. D'où cette conséquence, que Dieu se révèle, que l'Univers se révèle perpétuellement à l'être qui perçoit, qui voit l'un et l'autre, à l'être intelligent.

Mais comment s'opère cette révélation? Quel en est le moyen? Car le moyen est ce qui fonde la possibilité.

L'universel moyen de toute révélation, de toute manifestation, est ce qu'on appelle lumière, quelque idée, d'ailleurs, qu'on se fasse d'elle, de ce qu'elle est en soi. Nous avons exposé précédemment notre pensée à cet égard; nous avons essayé d'établir que la lumière est le rayonnement, l'effulgence de la forme, du principe essentiel de détermination, qui ne peut l'être sans être en même temps le principe de la connaissance, car rien n'est connu que par la forme qui le détermine. Or l'être ayant deux modes généraux d'existence, étant infini et fini, la forme aussi dès lors existe sous ces deux modes, lesquels affectent nécessairement sa manifestation, affectent la lumière de leur caractère respectivement propre.

Donc deux genres de lumière :

La lumière inhérente à la forme finie et finie comme elle, c'est-à-dire, soumise aux conditions de la limite, conséquemment de l'étendue, la lumière physique par laquelle l'Univers limité, fini, se manifeste, se révèle.

La lumière inhérente à la forme infinie et infinie comme elle, c'est-à-dire, libre des conditions de la limite ou de l'étendue, la lumière essentielle et pure par laquelle Dieu, l'être illimité, infini, se manifeste, se révèle.

L'animal ne perçoit que la première, par conséquent l'Univers seul lui est manifesté, il ne voit rien, ne peut rien voir au-delà des phénomènes.

En vertu de sa nature plus haute et de l'organisation qui y correspond, qui en est l'expression, la représentation corporelle, l'homme, au contraire, les perçoit toutes deux. Il perçoit la lumière finie, la lumière physique, et par elle l'Univers et les objets dans l'Univers : il perçoit la lumière infinie, la lumière pure, essentielle, et par elle Dieu, et les idées en Dieu, les types, les formes immuables, éternelles des choses. Ainsi Dieu se manifeste, se révèle à lui nécessairement, naturellement, par cela seul qu'il est et que l'homme est, et la pensée, qui serait impossible sans la vision de Dieu ou la perception de l'Être infini, implique une révélation permanente.

A l'instant où l'homme perçoit Dieu, perçoit l'Être infini, l'intelligence naît ; et comme elle ne peut agir avant d'être, elle est purement passive à l'égard de la révélation qui la crée. Elle voit ce qui lui est manifesté, et à cette vision dont la conscience est inséparable de celle que l'esprit a de soi, correspond l'acquiescement primitif, indélibéré, rigoureusement indépendant de la volonté de l'être qui acquiesce, puisqu'il précède toute volonté, l'acquiescement invincible qu'on nomme foi ; et la foi constitue, dès lors, le mode radical et primordial d'union de l'intelligence avec Dieu. Car sitôt que l'homme voit, perçoit Dieu, Dieu est en lui d'une certaine manière, lui est uni intellectuellement, et l'homme, par la foi, l'embrasse, le possède tout entier suivant sa notion essentielle.

Ainsi donc la révélation est le principe de la connaissance, et la foi en est le premier état, le point de départ, la base nécessaire; elle contient, quant à son objet, tout ce qui, par un progrès sans fin, devra être conçu, tout ce qui est et tout ce qui peut être : car, à la foi dont l'objet direct est l'Être infini, se joint simultanément celle dont l'être fini est également l'objet direct, et toutes deux appartiennent aux nécessités mêmes des choses, ne sont, dans l'ordre qui en dérive, qu'une condition originelle et naturelle de l'intelligence.

Il suit de là, qu'en vertu de la constitution fondamentale de l'esprit humain, l'existence de Dieu et celle de l'Univers, crues nécessairement (1), ne sauraient être prouvées, puisqu'elles ne sauraient l'être que par des actes intellectuels dont chacun renferme l'affirmation même de ce qu'on se proposerait de prouver.

Il en résulte encore que la foi primitive sans laquelle l'intelligence ne serait pas, exclut radicalement les deux erreurs mères d'où sortent toutes les autres et auxquelles elles viennent

(1) L'athée ne nie pas l'être, par conséquent il ne nie pas Dieu; il nie seulement une certaine idée de Dieu.

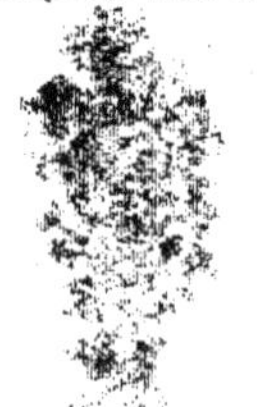

toutes derechef aboutir, le scepticisme, qui se résout dans la négation de toutes choses, et le panthéisme, qui se résout dans l'identité de toutes choses (1).

(1) Voyez, De la Religion, p. 68.

CHAPITRE VI.

MODE PROGRESSIF D'UNION DE L'INTELLIGENCE AVEC DIEU.

L'intelligence, passive d'abord, n'est pas plutôt qu'elle devient active. Créée par la vision, la perception simultanée de l'être infini et de l'être fini, la conscience qu'elle a d'eux est inséparable de celle qu'elle a de soi, et cette invincible conscience, cet assentiment intérieur, expression primitive de l'union de l'objet perçu et de l'esprit qui le perçoit, constitue la foi, laquelle embrasse dès lors, ainsi qu'on l'a remarqué déjà, l'être tout entier sous ses deux modes, embrasse Dieu et l'Univers. Tel est l'état premier, l'état initial de l'intelligence, et comme il renferme les conditions absolues de son existence, il subsiste pendant qu'elle subsiste; en d'autres termes, quels que puissent être ses développemens ultérieurs, ils impliquent constamment la foi primordiale sans laquelle nulle pensée possible.

Tout developpement de l'intelligence n'est, en effet, qu'un développement de la connaissance, et hors de l'être sous ses deux modes infini et fini, rien ne pouvant être, rien ne peut être connu. Le progrès de l'intelligence consiste donc à mieux connaître le double objet de la foi, Dieu et l'Univers, à pénétrer en eux toujours plus par la conception, ou à reproduire la foi elle-même sous la forme de science, car la foi n'apprend rien sur ce qu'ils sont en soi, sur leur nature intime, leurs lois ; elle n'est, encore une fois, que l'adhésion nécessitée à la perception générale de l'être sous ses deux modes, la conscience même de cette perception génératrice de l'intelligence.

A l'instant où elle commence d'être, commence pour elle l'éternel travail dont le but est de transformer la foi en science, de concevoir ce qui était simplement perçu et nécessairement perçu. Mais la conception n'étant jamais, ne pouvant jamais être adéquate à la foi, puisque la foi embrasse l'infini, sa première loi est celle d'un développement sans terme, qui part de l'inconnu et s'opère au sein de l'inconnu, au sein du *mystère*, car le mystère c'est l'infini même, objet éternel et éternellement inépuisable de la pensée.

Nous avons exposé ailleurs (1) les conditions de ce développement, ses lois, comme nous les comprenons, ou les lois de l'intelligence. Il serait donc inutile de répéter ici ce que nous avons dit à ce sujet. En vertu de ces lois et au degré où l'esprit y demeure fidèle, l'intelligence accomplit son évolution, qui n'est que le mouvement essentiel de l'être intelligent vers le vrai. La possession du vrai est, en effet, la fin naturelle de l'intelligence, et la possession croissante du vrai constitue le mode progressif de son union à Dieu.

Quoique la science de Dieu soit intimement liée à la science de l'Univers, et réciproquement, que celle-ci se fonde sur la première, y ait son origine nécessaire, en même temps qu'elle fournit le moyen de la vérifier, et en établit ainsi, quant à nous, la certitude dernière; cependant, comme Dieu et l'Univers, immuablement unis, n'en sont pas moins éternellement distincts, la science de Dieu et celle de l'Univers sont égale-

(1) IIe part., livre III.

ment distinctes, et cette distinction radicale doit être soigneusement maintenue, sans quoi on serait induit en les confondant à confondre les objets respectifs de chacune d'elles, à nier soit Dieu, soit l'Univers, en identifiant ou l'Univers à Dieu, ou Dieu à l'Univers : erreur très-dangereuse où, à divers degrés, sont tombées maintes fois et les religions et les philosophies.

En ce moment, nous ne traitons que de la science de Dieu : et puisque c'est par elle que s'effectue l'union progressive de l'intelligence à Dieu, on conçoit que la religion, invariable dans sa base, suive le progrès intellectuel de l'Humanité et le représente, en ce qu'il a de plus élevé, sous la seule forme qui permette à tous de participer à ses résultats.

En effet, qu'une conception supérieure de Dieu ou de l'Être infini, de ses nécessités et de ses lois internes, vienne à frapper un de ces esprits destinés à conduire les autres en les éclairant ; que, légitimée dans les limites de la connaissance acquise, elle soit acceptée par d'autres esprits qui s'accordent à y reconnaître une plus vive lumière, une plus exacte expression du vrai, elle se répandra peu à peu ; mais comment? De confiance, en quelque manière, par la simple adhésion qu'y donneront les masses sur l'autorité des juges à leurs yeux les plus compétens. Elles ne jugeront pas elles-mêmes, elles croiront, et croiront très-raisonnablement; car la science même de l'Univers, dont le progrès constitue celui de la société dans un autre ordre, n'est participable universellement que sous la même forme de croyance, et c'est ainsi qu'elle porte son fruit. Est-ce que les sciences mathématiques, mécaniques, astronomiques, physiques, chimiques, physiologiques, ne sont pas le fondement de toute la vie sociale dans sa sphère matérielle? Que serait l'homme privé du pouvoir qu'elles lui prêtent? N'est-ce pas d'elles que procèdent les métiers, les arts et leurs perfectionnemens successifs? N'est-ce pas par elles qu'il dompte la nature et se l'assujettit, que de son esclave il devient son maître? Or, même chez le peuple le plus instruit, combien le nombre de ceux à portée d'en connaître et d'en comprendre les principes, les méthodes, les preuves, n'est-il pas relativement faible? La multitude y croit, voilà tout, et agit selon sa croyance suffisamment justifiée pour elle par les résultats pratiques obtenus.

Ainsi en est-il de la science qui fonde pour la

raison l'ordre spirituel et moral. Les conceptions naissent en quelques esprits doués d'une puissance privilégiée, et lorsque, préparées par les développemens antérieurs, elles répondent aux aspirations jusqu'alors obscures de la multitude, elle les admet de confiance, elle y croit, comme elle croit aux sciences dont l'utile est l'objet, ou qui se rapportent directement à l'organisme. Si la première est, à l'origine, supposée dépendante d'une révélation immédiate et surnaturelle, on le suppose également des autres. De tout ce dont se compose le progrès de l'Humanité, rien, selon les idées antiques, qui n'ait sa source dans l'inspiration, dans un enseignement primitif divin. Mais peu à peu se rétrécit, en proportion du progrès même, le cercle de ces révélations dont le caractère général est de substituer la Cause première et universelle aux causes secondes et spécifiques encore inconnues.

Cependant, à mesure qu'éclairée par l'expérience et son propre travail, la raison se développe, que ses vues s'étendent et par-là même se rectifient, elle se détache des anciennes idées, des conceptions anciennes, devenues à ses yeux douteuses, insuffisantes. Puis le moment arrive où, les rejetant comme erronées, elle s'efforce de s'en former d'autres mieux en harmonie avec la science acquise, et aussi, dans l'ordre religieux, avec la notion instinctive du vrai et du bien, qui constitue primitivement l'intelligence : car on peut remarquer que toute révolution dogmatique coïncide avec une révolution morale, ou avec le besoin vivement senti d'une réalisation plus parfaite du devoir et du droit au sein de la société. Toutefois le dogme nouveau procède constamment du dogme antérieur, y a sa racine, n'en est qu'une transformation analogue à celles qu'on observe chez les êtres organisés dans les phases successives de leur croissance. Les états si divers et toujours plus parfaits où ils se présentent, qu'est-ce en effet, sinon la manifestation progressive de ce que renfermait virtuellement leur nature immuable, la régulière évolution du germe primordial? Les mêmes lois essentielles régissent tout ce qui est.

L'histoire du dogme, de ses développemens depuis l'origine de l'Humanité jusqu'à l'époque actuelle, n'est pas maintenant de notre sujet. Nous devons ici nous borner à une simple exposition du dogme même tel que nous le comprenons, tel qu'il découle des principes établis dans cet ouvrage. Nul aujourd'hui ne peut que sou-

mettre au jugement de la raison commune ce qui lui semble vrai : car nous vivons en l'un de ces temps où les vieux systèmes tombant partou en ruine, aucune doctrine ne les a remplacés encore, n'est encore admise par les esprits qu'inquiète et tourmente le vide qu'en s'en allant ont laissé en eux les croyances sur lesquelles reposait et la paix des âmes satisfaites dans un de leurs plus impérieux besoins, et l'ordre entier moral et social. Il s'agit de construire la demeure où s'abriteront les générations futures, d'élever le temple *où les vrais adorateurs adoreront le Père en esprit et en vérité*, et où les peuples, unis enfin dans la reconnaissance d'une même loi, s'embrasseront en frères.

CHAPITRE VII.

DU DOGME DANS SES RAPPORTS A L'ÊTRE INFINI. SA DOUBLE EXPRESSION CORRESPONDANTE A LA FOI IMMUABLE ET A LA CONCEPTION PROGRESSIVE.

L'existence de l'être sous ses deux modes infini et fini, est, comme on l'a vu, un objet de pure foi, et d'une foi nécessaire, puisque c'est elle qui constitue radicalement l'intelligence, simplement virtuelle jusque-là. L'affirmation simultanée de l'être infini et de l'être fini est donc le premier dogme, identique avec la pensée en ce qu'elle a de fondamental, et ainsi la foi est le mode primitif d'union de l'intelligence à Dieu. Par elle, par cette foi invincible, invariable, absolue, l'esprit, comme on l'a vu encore, embrasse tout ce qui est et tout ce qui peut être, le possède intellectuellement, mais sans le connaître en soi, sans le concevoir; et la conception progressive, ou l'évolution éternelle de l'esprit dans la connaissance engendre un nouveau mode d'union progressive aussi de l'intelligence à Dieu, union qui, à ses degrés successifs, a pour expression le dogme correspondant au progrès accompli de la connaissance ou de la science.

On sait déjà quelle est, selon nous, la vraie conception de Dieu, la seule que puisse admettre aujourd'hui la raison, et cet ouvrage tout entier n'est qu'une déduction de la théologie qui lui sert de base, ou de la science de l'Être infini directement établie d'abord par un enchaînement de nécessités logiques, et légitimée ensuite par sa concordance avec la science de l'Univers, établie elle-même par une autre voie, l'expérience et l'observation.

Réduite à son énoncé le plus simple, notre conception de Dieu se résume dans les points suivans :

Dieu est la substance infinie, nécessairement douée de trois propriétés également infinies, ou de trois énergies essentielles et distinctes, le principe de force ou d'activité qui la réalise incessamment, le principe de forme qui la détermine, le principe d'union qui, en unissant la force à la forme, les ramène à l'unité absolue de la substance. En d'autres mots, dans son unité fondamentale et substantielle, Dieu est puissance, intelligence, amour.

Dans la substance réside encore le principe du fini, c'est-à-dire le principe négatif quant à ses fonctions, qui, terminant les idées en Dieu, comme il les termine en notre entendement, opère ainsi leur distinction, et devient, par sa réalisation hors de Dieu, la limite effective des êtres finis, ou ce qu'on appelle matière, condition de l'univers physique, qui n'aurait sans elle qu'une existence purement idéale.

La personnalité se définissant par l'idée complexe d'individualité et d'intelligence, Dieu est un être personnel. Et comme la substance une se spécifie dans chacune des propriétés, des énergies essentielles et distinctes qui lui sont inhérentes, la personnalité une de l'être un se spécifie de la même manière dans chacune de ces énergies, de ces propriétés essentielles et distinctes. En d'autres termes, Dieu en tant que puissance est un être personnel, en tant qu'intelligence un être personnel, en tant qu'amour un être personnel, ou le même être indivisible conçu à la fois sous la double notion de ce qu'il y a simultanément d'un et de distinct en lui.

Les noms de Père, de Fils et d'Esprit, empruntés à la théologie chrétienne, n'ont pas pour nous d'autre signification, et ils n'ajoutent, à ce qui vient d'être dit qu'une spécification logique des relations mutuelles qui subsistent entre les énergies divines, relations nécessaires, puisqu'elles dérivent nécessairement de l'essence respective et des fonctions propres de ces énergies.

En effet, le principe d'activité, la force, liée à l'idée première d'existence dont elle est la raison, précède logiquement tout autre principe ; elle engendre la forme en réalisant l'être que celle-ci détermine, et comme on ne conçoit leur union qu'après les avoir conçues elles-mêmes, on est obligé de concevoir en elles, à l'égard du principe qui les unit, une antériorité, non de durée, car elles s'impliquent rigoureusement l'une l'autre, et sont nécessairement co-éternelles à la substance, mais d'ordre essentiel.

Entre le dogme correspondant à la foi primitive et celui qui n'exprime qu'une conception de l'esprit, il y a cette différence que le premier, condition nécessaire de l'intelligence même, l'oblige souverainement, qu'elle ne peut pas plus n'y point acquiescer, qu'elle ne peut ne pas être, tandis que le second demeure libre dans les limites des lois de la raison. Chacun, à l'égard de celui-ci, affirme ce qu'il voit ou croit voir, pense, juge pour soi selon ses lumières (1), et nul n'a le droit, à aucun titre, d'imposer sa pensée, son jugement à autrui. Tout jugement, au contraire, toute pensée doit subir, avant d'être admise, un examen sévère, examen qui ne prescrit jamais, et dont jamais le résultat n'est rigoureusement absolu. Non qu'il soit de l'essence des conceptions de l'esprit de flotter au hasard dans une incertitude éternelle, mais parce que, d'une part, elles se modifient à mesure que l'horizon de l'esprit même s'étend, et que, d'une autre part, émanées d'un seul originairement, et soumises, dès lors, à toutes les chances d'erreur auxquelles l'homme individuel est assujetti, elles

(1) Quand il admet quoique ce soit comme vrai sur une autorité extérieure, il suit encore son propre jugement, puisqu'il n'accepte l'autorité pour règle de sa croyance, qu'après avoir jugé qu'il est raisonnable de l'accepter ; sans quoi, sa soumission n'aurait rien de volontaire, serait un acte aveugle, étranger à l'intelligence et à l'ordre moral, déterminé, comme ceux de la brute, par une nécessité fatale, irrésistible.

ne se légitiment que par l'adhésion progressive qu'elles obtiennent.

On comprend d'après cela que, en exposant nos idées à l'égard du dogme, nous n'entendons nullement leur attribuer plus d'autorité que n'en peuvent avoir de simples convictions personnelles fondées sur des séries convergentes de preuves, lesquelles, prises dans des ordres différens de la connaissance, et se rattachant à des méthodes très diverses d'investigation, se fortifient de la sorte mutuellement, mais dont néanmoins la valeur ne laisse pas de demeurer incertaine jusqu'à ce qu'elles aient été vérifiées suffisamment. De quelque manière que s'opère au fond des esprits ce travail nécessaire de vérificacation, il précède toujours l'établissement des croyances générales, et les dogmes dérivés, les dogmes constitutifs des systèmes religieux, ne furent jamais, dans l'origine, que des vues de la raison, des solutions quelconques du problème des êtres, suggérées par l'ensemble de la connaissance acquise et en harmonie avec elle. L'hypothèse d'une révélation que les législateurs y ont jointe, n'a été qu'un moyen, une forme d'enseignement appropriée à l'état des peuples, incapables, dans leur ignorance, de concevoir, par rapport aux lois primordiales d'où émanent celles de la société, un autre principe de vérité et une autre base de foi. Le caractère principal du progrès, tel qu'il se révèle de nos jours, est de tendre à éliminer cette opinion des anciens âges, et à tout ramener à l'unité d'un seul ordre, où rien ne se produit qu'en vertu des lois naturelles et radicalement identiques de l'être infini et de l'être fini, de Dieu et de l'Univers.

CHAPITRE VIII.

SUITE DU MÊME SUJET.

Il faut bien remarquer, en ce qui touche la conception des choses, qu'elle a des bornes nécessaires au-delà desquelles l'esprit ne saurait pénétrer. On ne conçoit rien complétement, parce que la conception complète de la moindre partie du tout, implique la conception du tout, la conception absolue de l'être sous ses deux modes infini et fini. Cette science parfaite n'appartient qu'à Dieu; il se sait, il se voit dans sa propre lumière, et voit en soi, au sein de son indivisible unité, toutes les participations possibles de son être, ou tous les êtres possibles et leurs lois. Nous ne voyons, nous, que de simples manifestations de causes impénétrables; les essences se dérobent à notre compréhension; ce que nous affirmons d'elles, de leurs rapports et de leur action réciproque, en dehors des purs phénomènes, nous l'affirmons seulement en vertu d'une nécessité logique entièrement différente de la vision intime de l'objet. Nous disons cela est, car il serait contradictoire que cela ne fût pas ; mais comment cela est, nous l'ignorons. Notre science est de conclusion, et non pas immédiate.

Ces réflexions s'appliquent, avec une force particulière, aux questions qu'engendre le problème si obscur de la co-existence du fini et de l'infini. Cette obscurité tient, en effet, à ce que la solution cherchée implique directement la conception de l'être en soi, laquelle implique elle-même la conception de l'infini. Or, si la conception de l'infini est le terme idéal de la science, ou la science propre de Dieu se connaissant selon tout ce qu'il est, par cela seul qu'il est, elle ne sera jamais celle d'aucun être fini. Dans leur développement éternel, les esprits limités tendent sans cesse vers ce terme qu'ils ne sauraient atteindre, dont ils approchent toujours.

Que si, se renfermant dans sa sphère, le nôtre comprenait ce qu'il peut et s'en contentait, le problème qui le tourmente aurait pour lui une solution, non pas complète au sens que nous venons d'expliquer, mais suffisante pour satisfaire ses désirs raisonnables; car de ce qu'il sait, il peut déduire des conséquences très-positives, d'une certitude égale à celle de tout ce qui, échappant à la perception immédiate, repose, à notre égard, sur une nécessité logique. Or, les sciences les plus hautes et les plus rigoureuses ne procèdent que par cette méthode, et leurs résultats, dont la valeur est tenue pour incontestable, s'appuient uniquement sur des nécessités de cet ordre.

Sitôt qu'on a posé, comme la nature même y oblige, antérieurement à toute autre idée, celle de l'être inconditionnel, infini, absolu, on voit aussitôt qu'il n'en est pas une qui ne dérive de celle-là et n'y soit contenue, puisque le rien ne peut être l'objet de la pensée. Mais tout être peut être pensé; donc tout être dérive de l'Être infini, et y est contenu d'une certaine manière.

Ainsi, dès l'abord, est éliminée la fausse conception suivant laquelle l'Univers aurait, quant à ce qui le constitue substantiellement, son origine dans le néant ou le rien. Aucune puissance ne saurait réaliser une contradiction absolue ou tirer l'être de la négation radicale de l'être. Entendu de la sorte, la création est évidemment impossible. L'Univers n'est donc substantiellement que la substance infinie même affectée d'une limitation qui lui donne, au dehors de l'Être essentiellement un, un autre mode d'existence.

La substance limitée, c'est le fini, dont le caractère général, qui se reproduit en tout ce qui se conçoit sous ses conditions, est la divisibilité : d'où l'étendue, le temps, le mouvement, qui ne sont respectivement que des limitations dans l'immensité, l'éternité, l'omniprésence (1).

L'Univers ou l'ensemble progressif des êtres finis, ne saurait procéder de l'être infini, qu'il n'ait été toujours en lui, sans quoi, d'une part, la durée de l'Être infini ne serait pas une, et, d'une autre part, renfermant quelque chose qu'il n'aurait pas renfermé toujours, il ne serait pas infini.

Mais l'Univers, tel qu'on est obligé de concevoir qu'il a toujours été dans l'Être infini, n'y a pu être que sous les conditions de l'Être infini même, conséquemment sous la condition d'unité absolue qui est de son essence ; conséquemment encore sous la condition d'une existence purement idéale, compatible avec la distinction typique des

(1) Voyez 1re Partie, livre II, chap. VII.

choses, exclusive de toute division, de toute séparation réelle ou physique.

Or, cette dernière forme d'existence, caractérisée par la division, la séparation réelle ou physique des choses, est à la fois pour l'homme un fait indémontrable et invinciblement admis (1) ; et comme, à l'égard de l'esprit, il n'implique aucune nécessité, on est contraint d'en chercher la raison là où seulement on la peut trouver, dans une volonté libre de Dieu, dont l'action, quelle qu'elle soit, pour opérer ce passage de l'existence purement idéale de l'Univers en lui, à l'existence réelle ou physique de ce même Univers hors de lui, est proprement ce qu'on a nommé création. Mais cet acte immédiat de la puissance divine, cet acte pur de Dieu se conclut seulement. Inaccessible à l'intuition, à la vision directe, la pensée ne le saurait saisir. On en conçoit la nécessité, on ne le conçoit pas en lui-même, car ce serait concevoir l'infini, concevoir Dieu comme il se conçoit, être Dieu. Et cependant, les nombreuses controverses engagées au sujet de la création et renouvelées d'âge en âge, n'ont de sens qu'autant qu'on suppose cette conception possible.

(1) Voyez chap. V.

Parmi les questions agitées à l'occasion de ce grand problème, et si stérilement jusqu'ici, il en est une toutefois sur laquelle il nous semble utile de nous arrêter un moment.

L'Univers a-t-il commencé, ou est-il éternel? Ceux qui le croient éternel, se fondent sur ce motif que, s'il ne l'était pas, on devrait forcément admettre une durée successive en Dieu, puisque l'acte par lequel il a créé et qui lui est intrinsèquement propre, ne lui serait pas co-éternel; qu'un changement dès lors se serait opéré en lui, changement incompatible avec l'immutabilité nécessaire de l'Être absolu.

Ce raisonnement confond dans sa généralité deux choses très-distinctes, l'Univers idéal et l'Univers physique. L'Univers idéal, lequel n'est que l'Être infini se concevant lui-même en tant que participable, lui est certainement coéternel. Comment l'intelligence, la pensée de Dieu ne serait-elle pas coéternelle à Dieu? Mais l'Univers physique n'est pas seulement une pensée de Dieu. Il est cette pensée réalisée, un ensemble d'êtres effectifs, séparés de Dieu, en ce sens qu'ils ont, hors de son indivisible unité, une existence propre. Cette existence des êtres finis, différente de l'idée typique de ces mêmes êtres, implique une cause spéciale, et cette cause ne peut être que la volonté divine efficace. Soit en elle-même, soit dans son action, elle n'admet rien de successif, car tout acte de Dieu participe au mode d'être de Dieu, est immuable, éternel comme Dieu. Mais autre est l'acte, autre le terme de l'acte : l'acte est Dieu même voulant, agissant; le terme de l'acte, ce n'est plus Dieu, c'est l'être fini, assujetti dans ses modes d'être à toutes les conditions du fini, aux conditions dès lors de la durée successive, du temps. Ce que nous disons de l'acte et du terme de l'acte, se conclut avec la même rigueur de l'essence respective de l'Être infini et de l'être fini ; la double conséquence à laquelle la raison est conduite, repose sur une égale nécessité logique. Il faut donc ou y accéder, ou renoncer à la raison, et y renoncer par cela seul qu'elle ne comprend pas l'incompréhensible, le mystère éternel de l'infini, qu'elle conçoit clairement être impénétrable à toute intelligence qui n'est pas elle-même infinie.

Que l'Univers n'ait pas existé toujours, qu'il ne soit pas coéternel à Dieu, c'est donc un fait rationnellement incontestable, et qui se prouve encore par les impossibilités évidentes que renferme l'hypothèse contraire. Comment chaque être ayant commencé et nécessairement commencé, la collection de ces mêmes êtres n'aurait-elle eu aucun commencement? N'est-ce pas là une contradiction qui a sa source dans la confusion déjà indiquée de l'Univers typique ou idéal avec l'Univers physique?

On se représente les êtres finis et leur mouvement au sein de la durée, comme une série sans premier et sans dernier terme, infinie dans le passé, infinie dans l'avenir; et l'on ne saurait se les représenter autrement, dès qu'obligé d'admettre l'idée de succession, on rejette celle de commencement. Mais on reconnaît bientôt que cette conception, forcée dès qu'on suppose l'Univers éternel, répugne à la raison de plusieurs manières, et d'abord au point de vue de la quantité abstraite. Qu'en effet on se place au terme de la série correspondant au moment présent, la série elle-même étant conçue sous la forme de la suite naturelle des nombres. On peut évidemment ajouter à ce terme une nouvelle unité, et une autre au terme suivant, et ainsi toujours sans aucune fin possible. Mais si, rétrogradant, on retranche, au contraire, une unité de chaque terme, on arrivera enfin à un terme composé d'une seule unité, après lequel il n'en reste plus à retrancher, à un terme initial dès lors, au delà duquel la série n'est pas. Car d'imaginer, dans le sens rétrograde, une suite actuellement infinie de nombres, outre que l'idée de nombre appelle nécessairement une première unité génératrice des autres, il faudrait admettre comme infini un nombre qu'on admettrait en même temps pouvoir être indéfiniment augmenté. Au fond, il n'est point d'idées qui s'excluent plus radicalement que celle de nombre et celle d'infini. Or l'idée de nombre est inséparable de celle qui caractérise essentiellement le mode de durée des êtres finis.

Au point de vue des réalités concrètes, on retrouve les mêmes difficultés, ou, pour mieux dire, les mêmes impossibilités. Car s'il est dans l'Univers une loi certaine, expression d'un fait général inébranlablement établi, c'est sans doute la loi selon laquelle les êtres se produisent dans un ordre tel que les plus simples, élémens nécessaires des plus composés, les précèdent dès lors, ce qui force de remonter à un être au-delà duquel on n'en conçoit pas de plus simple, et que, conséquemment, on est obligé de concevoir comme initial.

En outre, si l'Univers a existé éternellement,

tous les êtres possibles, toutes les formes, supposées infinies en nombre, ont dû se produire, et ainsi l'Univers, infini comme Dieu, serait devenu Dieu même, à jamais absorbé en lui, ramené en lui à l'état idéal ou typique.

Attribuera-t-on l'éternité seulement à ce qu'on appelle matière, admettant que la production d'êtres déterminés ait commencé? Ce serait admettre la création même. Car, si l'on sépare de la notion de matière celle d'êtres déterminés, il ne reste que la simple notion du principe du fini, tel qu'il existe en Dieu (1) : et, de plus, son unique fonction étant de limiter l'être, comment le concevoir hors de Dieu, s'il n'existe hors de Dieu aucun être qu'il puisse limiter? ou comment concevoir une limite qui ne limite rien?

Concluons : l'acte créateur, l'acte par lequel Dieu, réalisant au dehors de soi les types éternels en lui, les fait passer de l'état idéal à l'état d'êtres effectifs, est radicalement incompréhensible, parce qu'il faudrait, pour le comprendre,

(1) En Dieu, le principe du fini *distingue* en les terminant les idées, les types ; dans l'Univers il *limite* physiquement les êtres, ou les idées, les types réalisés au dehors de l'unité divine.

comprendre l'infini. Toutefois une invincible nécessité logique contraint d'admettre que, si cet acte infini de la puissance divine, soumis en Dieu au mode d'être de Dieu, n'y a rien de successif, le terme de ce même acte ou l'être fini est également soumis au mode d'être qui dérive de son essence propre, soumis aux conditions de la durée successive, du temps; d'où cette conséquence, que toute succession, toute série de termes finis impliquant nécessairement un premier terme, l'Univers ou la série progressive des êtres finis a commencé nécessairement; qu'ainsi la foi du genre humain est justifiée par la raison, que l'Univers n'est point éternel, et que la création est un dogme.

CHAPITRE IX.

DU DOGME DANS SES RAPPORTS A L'ÊTRE FINI.

De même que la théologie ou la science de Dieu représente le dogme, est proprement le dogme dans ses rapports à l'Etre infini, la cosmologie ou la science de l'Univers, est pareillement le dogme dans ses rapports à l'être fini. Toutefois, dans l'ordre religieux, le dogme embrasse seulement les points fondamentaux plus ou moins immédiatement liés aux lois de la vie supérieure, de la vie morale ou sociale. A l'égard du reste, s'il fournit des principes généraux de solution, sans quoi il ne serait pas l'expression vraie des faits primordiaux et des causes premières, il demeure en dehors des innombrables questions que l'esprit, dans sa marche continuelle rencontre incessamment, des vérités de détail dont se grossit peu à peu le trésor de la connaissance, simples épis de la grande moisson destinée à nourrir la pensée humaine progressive.

La science de Dieu et celle de l'Univers, qui se vérifient et se légitiment mutuellement, forment par leur union la science complète, la science une, dont toutes les autres ne sont que des fragmens. La nécessité de cette union pour établir la science sur une base solide, est la conséquence de l'union nécessaire des deux objets de la foi primitive invincible, l'Etre infini et l'Etre fini simultanément affirmés, comme on l'a vu, à l'instant où naît l'intelligence, de sorte qu'elle n'est dans sa racine, que cette affirmation même, identique avec la vision, la perception de son double objet.

Le lien de ces deux notions considérées abstraitement, est la notion pure de l'être, antérieure à celle des modes sous lesquels il peut être conçu. En effet, la notion de l'Etre infini, c'est la notion de l'être exempt de toutes bornes, de tout ce qui en altérerait l'unité absolue et indivisible. La notion de l'Etre fini, c'est encore celle de l'être, mais de l'être affecté d'une limitation, qui exclut l'unité absolue et indivisible. Ces deux notions renferment donc quelque chose de commun qui les unit, et quelque chose d'opposé qui les sépare. Elles ne sont, quant à l'être encore indéterminé, qu'une même notion ; elles deviennent, après la détermination qui les spécifie, deux notions distinctes, corrélatives à deux modes d'être contradictoires, non avec la notion radicale de l'être qu'ils impliquent également, mais avec la supposition de leur coexistence dans le même être individuel.

Les notions représentent les êtres, et ainsi le lien qui unit logiquement ou idéalement la notion de l'Etre infini et la notion de l'Etre fini, unit pareillement, d'une manière effective et réelle, Dieu ou l'Etre infini et l'Univers ou l'Etre fini, éternellement séparés d'ailleurs par l'opposition des modes d'être qui les caractérisent respectivement. Cette union dans laquelle tant de philosophes ont vu un problème insoluble, est donc au rang des choses les plus claires pour l'esprit. Les antinomies qu'ils ont cru radicalement inévitables, n'ont de réalité qu'à l'égard des hypothèses panthéistiques, et conséquemment les objections qu'on a tirées de ces antinomies contre la double affirmation constitutive de l'intelligence ou de la foi primordiale, ne concluent en effet que contre le panthéisme.

Mais l'Univers n'est pas uni à Dieu seulement par le fonds substantiel de son être, il n'est pas seulement, quant à sa substance, la substance divine même affectée d'une limitation, car il ne saurait participer à la substance une et infinie, sans participer aux propriétés qui y sont inhérentes. Ainsi l'Univers a en soi, dans sa substance, un principe de force, un principe de forme, un principe d'union, identiques à ces mêmes principes tels qu'ils existent en Dieu, et distincts d'eux par cela seul qu'absolus dans l'Etre infini et comme lui sans bornes, ils en ont de nécessaires dans l'Etre fini. En d'autres termes, la force ou le principe d'activité, la forme ou le principe de détermination, la vie ou le principe d'union, ne sont dans l'Univers que des participations limitées de la force, de la forme et de la vie divine.

Il suit de là que Dieu exerce une perpétuelle action au sein de l'Univers uni à lui par tout ce qui se conçoit sous une notion positive dans les êtres ; que, dans les phénomènes résultans de l'action propre de ceux-ci, le concours de Dieu n'est pas moins nécessaire que cette action immédiate, puisqu'elle-même n'est possible que par une communication de ses propriétés ou de ses énergies essentielles. D'où l'on voit que les êtres à la fois produit et moyen de la puissance créatrice, ne sont, chacun selon sa nature, que les instrumens *actifs* de l'action même de Dieu réalisant, au-dehors de son indivisible unité, le monde idéal éternel en lui.

Mais cette réalisation progressive implique un ordre nécessaire, qui, en déterminant l'action de Dieu, a déterminé, dans le plan général de son œuvre, celle de chaque être divers, sa fonction spéciale et sa place dans le tout à l'égard du temps et de l'espace. Rien de fortuit, rien d'arbitraire : l'idée d'ordre exclut l'un, l'idée de cause exclut l'autre.

Considérée à ce point de vue d'une tendance vers un but primitivement conçu et voulu, et de sa direction vers ce but, l'action de Dieu dans l'univers est appelée Providence ; et la Providence divine, identique aux lois de la Création, n'est pas moins certaine que l'action divine, puisqu'elle n'est que cette action même dirigée par l'intelligence.

Considérée en soi, la même action se résolvant du côté de Dieu en une incessante effusion de son être et des propriétés de son être, elle est tout ensemble la condition primordiale de l'existence des êtres finis et celle de leur action propre ; et, dès lors, antérieure à eux, elle est essentiellement indépendante d'eux, et se conçoit forcément comme un don libre de Dieu, épanchant au-dehors de soi les inépuisables trésors de son être.

C'est là ce qu'à l'égard de l'homme, la théologie a nommé *grâce* (1). Ainsi la grâce philosophiquement définie est le concours de Dieu à la volonté de l'homme, et conséquemment le concours de Dieu dans ses rapports avec les conditions nécessaires de la volonté, l'intelligence d'où naît le motif, l'amour d'où naît l'attrait. Les lois de la grâce se résolvent donc dans les lois générales et naturelles de la Création, où rien ne se produit, ne se fait que par l'action des causes immédiates, unies à la cause première, absolue, de qui elles reçoivent toute leur efficace. Nier l'un de ces deux points, l'action de la cause absolue, ou l'action des cau-

(1) Nous ne disons pas que la doctrine théologique de la grâce ne contienne point d'autres principes dépendans d'hypothèses qui peuvent en altérer profondément la vraie notion ; nous disons seulement que, par le fond, elle se rattache à la grande loi exposée ici, loi première, naturelle, dont tous les hommes ont une vue confuse et le sentiment instinctif.

ses dérivées, ce serait nier Dieu, ou l'Univers ; l'Univers, s'il n'a pas en soi un principe propre d'activité, sans lequel nul être réel ; Dieu, si, séparé de l'Univers indépendant de lui, il cesse d'être conçu comme cause universelle et source permanente de l'être.

Le concours de Dieu à l'action de chaque être ne change évidemment ni la nature de l'être, ni celle de son action. Il n'altère donc en aucune manière la liberté des êtres libres : il en est, au contraire, une condition, puisqu'il en est une de l'action de tout être selon sa nature.

Mais y a-t-il des êtres libres ? Question capitale, certes. Point de liberté, point d'ordre moral, point de droit, point de devoir : nul ne répond de ses actes. Un mouvement nécessaire, irrésistible, emportant toutes choses, tout est parce qu'il doit être. Il n'existe ni bien ni mal ; il n'existe que des faits qui se légitiment au même titre. Cependant plusieurs rejettent la liberté, théoriquement du moins ; car cette opinion, religieuse ou philosophique, opposée à l'instinct que le raisonnement ne saurait détruire, ne pénètre guères dans la vie pratique.

La liberté se prouve comme se prouve l'existence, par le sentiment qu'on en a. Attribut exclusif de l'être intelligent, elle est le pouvoir du choix entre des motifs, qui, n'étant point commensurables entre eux, subsistent ensemble distinctivement, selon leur degré respectif de force, sans pouvoir jamais, comme des quantités homogènes, être ou ajoutés l'un à l'autre, ou retranchés l'un de l'autre, de sorte que, cette opération faite, on ait ou une somme, ou un reste de même nature, qui soit le dernier motif et le seul efficace. Ainsi le motif né de l'idée d'un devoir moral, qui enveloppe celle de loi et d'une loi relative au tout, diffère par son essence du motif pris dans la sensation, toujours purement individuelle et radicalement étrangère à toute loi conçue comme obligatoire pour la volonté. Celle-ci donc, trouvant la condition nécessaire de son action dans des motifs d'ordre différent, qui ne peuvent, en aucune façon, se résoudre l'un dans l'autre, est libre par cela même. Toutefois, rien dans l'être fini n'étant absolu, sa liberté non plus n'est point absolue. Elle varie entre des limites déterminées par la prédominance actuelle de l'un des deux principes inhérens à l'être, le principe aveugle de l'organisme, condition de l'individualité, et le principe par lequel, sortant de soi, l'individu connaît, en une certaine mesure, ses rapports naturels avec les autres êtres, et la loi selon laquelle il doit se maintenir uni à eux, ou accomplir volontairement ce que les êtres inférieurs, dépourvus de liberté, accomplissent fatalement.

Ce qui vient d'être dit touchant les relations de Dieu et de l'Univers appartient à l'ordre des vérités premières appelées dogmes, parce que, étant le fondement rationnel de toutes les lois des êtres manifestées par les phénomènes, elles ont elles-mêmes, au plus haut degré, en vertu d'une nécessité intrinsèque, le caractère de loi. Rien ne se comprend, en effet, que par l'effective union des êtres finis et de l'Être infini, par l'incessante communication qu'il leur fait de sa substance et des propriétés de sa substance, de sorte que, puisant perpétuellement en lui et le principe de leur être et le principe de leur action variable suivant leur nature respective, ils sont tout ensemble et la Création même actuellement accomplie, et les instrumens de la création indéfiniment progressive; instrumens actifs dont l'action implique l'action simultanée de l'Être infini, laquelle, rapportée à son but éternellement conçu et voulu, est nommée Providence, comme on l'a nommée Grâce, en tant qu'indépendante des êtres à l'action propre desquels elle concourt.

On doit également ranger parmi les dogmes, tels que nous les avons définis, les deux grandes lois précédemment exposées et développées (1), la loi d'individualité, conservatrice de chaque élément du tout, et la loi d'unité, conservatrice du tout; l'une constituant le droit, l'autre le devoir, et comprenant dès lors toutes les lois de la société dans tous les ordres d'êtres dont elles expriment les relations fondamentales et universelles. Car le droit et le devoir embrassent l'universalité des êtres, avec cette unique différence que, connus des uns, ignorés des autres, les premiers sont libres d'y obéir ou de les violer, et qu'ils régissent les autres fatalement.

1) Liv. I, chap. III et suiv.

LIVRE III.

SUITE DU MEME SUJET

CHAPITRE Ier.

DE L'AMOUR EN TANT QUE LIEN DE L'ÊTRE INFINI ET DE L'ÊTRE FINI, ET DES ÊTRES FINIS ENTRE EUX.

Si l'homme connaît Dieu, l'homme est uni à Dieu, est un avec Dieu dans les limites de sa connaissance, car il voit ce que Dieu voit, et le voit par une participation de l'intelligence même de Dieu, devenue, selon la mesure de cette participation, sa propre intelligence.

Cette union de l'homme avec Dieu n'est qu'une extension relative à sa nature supérieure, de l'union de Dieu avec tous les êtres. Qu'est-ce, en effet, que l'intelligence, sinon la perception de l'être en tant qu'intelligible? Mais rien d'intelligible qui ne soit déterminé, rien de déterminé que par la forme, et nulle forme qui ne soit une participation de la forme divine ou infinie. Nul être donc qui ne soit uni à Dieu, un avec Dieu dans les limites de sa forme spécifique ou de sa nature distinctive. Ce que l'homme a de plus que les êtres inférieurs, c'est la vision, la perception de la forme essentielle, éternelle que, par delà ses manifestations contingentes ou phénoménales, il découvre en Dieu, et qui est Dieu même. Il découvre aussi les rapports des formes limitées avec la forme infinie et leurs rapports entre elles, ou les innombrables rapports des natures diverses, lesquels constituent l'ordre, ou les lois de la société universelle des êtres. Parmi ces lois, celles d'où dérivent les autres, et qui doivent régler, en ce qui touche ses plus hautes fonctions, les actes de l'homme dépendans de sa volonté libre, forment la législation religieuse, immuable fondement de toute législation légitime ou vraie.

De là, chez les peuples divers, sans distinction de lieux ni d'époques, l'influence souveraine des religions, influence heureuse ou funeste en proportion de la vérité et de l'erreur contenues en elles et consacrées par elles. Mais partout, quelles qu'elles fussent, elles ont pénétré la société de leur esprit, imprimé leur caractère propre aux institutions, en vertu, pour ainsi parler, d'une nécessité naturelle ; et encore ici la raison éclairée des lumières croissantes dues au développement de la pensée et au progrès de la science, justifie l'instinct primitif et perpétuel de l'humanité

Nous avons montré comment l'Univers, uni à Dieu par le fond de sa substance, lui est uni dès lors par les propriétés inséparables de la substance, et premièrement par le principe spécial qui détermine chaque être, la nature de chaque être, sa forme n'étant qu'une participation finie de la forme infinie. Or, ce qui détermine les êtres, les rendant aussi intelligibles, puisque rien n'est intelligible s'il n'est déterminé, il s'ensuit qu'en Dieu, l'intelligence n'est que la vision interne, la conscience qu'il a de soi en tant que déterminé ou doué de forme.

Nous avons également montré que, parmi les êtres terrestres, l'homme, en vertu de sa perfection plus grande, non-seulement participe comme eux à la forme divine, mais qu'il y participe au degré supérieur qui constitue l'intelligence; d'où un degré supérieur aussi d'union à Dieu, union qui s'opère sous deux modes, l'un primitif et fondamental dont la foi invincible correspondante à la vision, la perception simultanée de l'être infini et de l'être fini, est l'expression; l'autre progressif, identique au mouvement de l'intelligence même pénétrant de plus en plus dans le double objet de la foi; en Dieu ou dans la région des essences, des causes et des lois; dans l'Univers ou dans la région des phénomènes, manifestations contingentes des essences, des causes et des lois, et, par ce travail éternel de transformation de la foi en science, s'approchant toujours davantage de l'intelligence infinie que caractérise la science absolue.

Cependant l'Univers n'est pas uni à Dieu par la seule propriété nécessairement conçue en lui sous la notion de forme, d'où naît celle d'intelligence. L'unité divine infinie implique un principe infini d'union, ou une énergie différente de la forme et comme elle inséparable de la substance, de sorte qu'on ne saurait participer à la substance, sans participer à cette énergie, à ce principe qui lui est inhérent.

Dans les êtres dont se compose l'univers physique, il opère d'abord l'unité individuelle, unité qui ne devient clairement observable que là où les sens découvrent de réelles individualités, non divisibles à la manière des simples agrégats, ce qui n'a lieu que pour les êtres doués d'organisation ; et le principe qui fait de chacun d'eux, par l'union harmonique de tous ses élémens dépendans l'un de l'autre, un seul être circonscrit en soi, est proprement la vie, participation limitée de la vie divine infinie.

Chez les êtres inorganisés qui ne présentent que des agrégations de molécules réciproquement indépendantes quant à leur existence, le principe d'union se manifeste par la tendance qu'il leur imprime l'une vers l'autre dans chaque agrégat, et par la tendance générale de tous les agrégats vers un centre commun, tendance qui, de proche en proche, embrassant tous les centres soit connus, soit imaginables, se résout définitivement dans la tendance de l'Univers entier vers Dieu, ou vers le centre un et infini où réside le principe infini d'union.

Il se manifeste encore, chez les mêmes êtres, d'une autre manière, par les combinaisons qui s'opèrent, suivant leurs mutuelles affinités, entre les molécules de nature diverse, combinaisons sans lesquelles nul corps complexe ne pourrait se former, et qui, par l'union progressive des formes, impliquent une tendance finale vers l'unité de forme, ou vers la forme une et infinie.

Les mêmes lois régissent les êtres organisés, assujettis d'abord en tant qu'étendus aux lois des êtres inorganiques. Mais, dans sa sphère propre, l'organisation leur imprime un caractère nouveau, sans toutefois jamais en altérer l'essence. Elles continuent d'avoir constamment l'unité pour fin; seulement l'unité s'opère sous des conditions autres, celles de la variété dans les élémens de l'être, de leur connexion rigoureuse, intime, et de leur dépendance réciproque. Ces élémens divers, s'appelant et se supposant mutuellement, concourent à une action commune, dont le but est la conservation et le développement de l'être selon sa nature, et de cette action, uniquement relative à l'individu, résulte la tendance vers soi, qui est le principe même de sa vie.

Une tendance opposée se manifeste dans l'ensemble des êtres organiques, tendance relative à une condition fondamentale de leur existence. Aucun ne se suffit, tous ont besoin de tous. Ils vivent les uns des autres, du don mutuel qu'ils se font d'eux-mêmes, et rien ne subsiste que par ce don, cet universel sacrifice, dont l'accomplissement ayant pour effet une union toujours plus intime, implique une aspiration universelle aussi à l'unité parfaite, ou à l'unité absolue.

Ces deux tendances de direction contraire et d'une égale nécessité pour la conservation des êtres organiques, déterminent fatalement les actes de ceux qui, devant obéir à ces lois souveraines, ne peuvent cependant les connaître. L'impulsion interne qu'on appelle instinct, fait de chacun d'eux selon sa nature, l'infaillible instrument de l'ordre qu'elles maintiennent. Par la tendance vers soi, tous se conservent individuellement dans la mesure qu'exige la conservation de l'ensemble ; et, dans la même mesure, par la tendance vers l'unité dont le dernier terme est Dieu ou l'unité infinie même, tous sont donnés, sacrifiés à tous, sans quoi aucun ne subsisterait : merveilleuse harmonie, d'où résulte, par l'union de deux élémens opposés en apparence (1), l'unité la plus haute et la suprême loi de la vie.

(1) L'opposition, en effet, réelle quant à la direction des tendances, n'affecte pas leur principe commun, ni leur ré-

Il est visible qu'aucun être, quel qu'il soit, ne saurait être soustrait à cette grande loi de deux tendances simultanées; l'une relative à

sultat dernier. Ce résultat, au contraire, impossible sans elles, les implique également toutes deux; car, pour que les êtres puissent s'unir, il faut d'abord qu'ils soient. Or, l'idée de l'être renferme rigoureusement l'idée d'unité. Ce qui ne serait pas un ne serait pas un être, mais plusieurs êtres. Pour que quelque chose soit, il faut donc que chaque être tende vers soi, ou tende à se conserver individuellement un. Mais une des conditions de son être individuellement un, est d'être uni au principe de l'être individuellement un aussi, mais d'une unité infinie. Il y a donc une tendance nécessaire de tous les êtres ou de toutes les unités finies vers l'unité infinie ou l'Etre infini. En tendant vers lui comme centre commun, ils tendent forcément les uns vers les autres; ils tendent vers un terme où tous ne seraient qu'un, parce que tous, dégagés de la limite qui les sépare, redeviendraient en Dieu de pures idées de Dieu, distinctes en lui et unes avec lui. Cette aspiration éternelle à une plus parfaite unité, résultat de l'action perpétuelle du principe d'union, est réglée par les lois de la forme, qui sont proprement les lois de l'ordre, lesquelles se spécialisent, quant à la limite, dans les lois géométriques de l'étendue; quant à l'être positif, dans les lois de l'affinité selon lesquelles s'opèrent les combinaisons des êtres inorganiques, et dans les lois qui règlent, par un genre à part de combinaisons plus élevées, la progression ascendante des formes ou des espèces chez les êtres organisés.

l'individu et qui le concentre en soi, l'autre relative au tout, identique à l'aspiration universelle des êtres vers le principe infini de l'être. La loi de vie embrasse la Création entière. Par delà tous les mondes apercevables pour nous au sein de l'immensité, elle règne encore, éternellement inaltérable, et ne s'arrête que là où s'arrête l'existence. L'homme, sur notre globe, y est donc soumis comme les êtres inférieurs ; il a comme eux une double tendance, l'une vers soi, qui est l'amour de soi, conservateur de l'individu et de sa vie propre ; l'autre vers Dieu ou le Principe de vie, d'où, par un effet nécessaire, naît l'amour d'autrui, l'amour générateur des actes par lesquels chaque individu se subordonnant, se sacrifiant à tous, en une certaine mesure que déterminent les lois de l'ordre, tous se conservent.

Une seule différence, mais profonde, le distingue à cet égard des êtres que leur nature abaisse au-dessous de lui. Ceux-ci, privés d'intelligence, de la faculté de connaître et conséquemment de choisir, obéissent à leur loi en vertu d'une nécessité invincible. L'homme, au contraire, connaît ses lois et y obéit librement. Mais ce magnifique privilége de l'obéissance libre aux lois qui le doivent régir, implique le pouvoir de les violer, le pouvoir de se maintenir dans l'ordre par l'union volontaire à Dieu d'où naît l'union des êtres entre eux, et le pouvoir d'intervertir, par la prédominance de l'amour de soi, les rapports qu'établit cette union, rapports qui constituent les conditions mêmes de l'existence au sein de l'Univers : en un mot, l'homme a le choix entre le bien et le mal. Le bien, en effet, c'est l'ordre, dont le terme est l'être, et le mal c'est le désordre, dont le terme est le non-être ; et le mal ne saurait s'introduire dans la Création que par l'abus de la liberté ou de la volonté libre.

L'homme doit donc tendre vers soi ou s'aimer lui-même pour se conserver individuellement, et il doit se conserver individuellement pour que l'humanité se conserve, car elle n'existe que par la multiplication numériquement indéfinie de l'homme idéal ou typique, en même temps qu'elle occupe dans le tout une place qui ne pourrait demeurer vide sans que l'enchaînement des êtres fût rompu, et leur évolution arrêtée. La Création qui ne se conçoit que comme la reproduction de l'Etre infini sous les conditions du fini et conséquemment comme un développement éternel, n'aurait aucun sens.

L'homme doit aussi tendre vers Dieu ou aimer Dieu, parce que cette tendance ou cet amour qui l'unit au principe de la vie, est la condition primitive et perpétuellement indispensable de sa vie propre ; et que de la tendance vers Dieu résulte la tendance des individus les uns vers les autres ou l'amour mutuel qui, les unissant, est encore une condition de la vie de tous et de la vie de chacun, car nul ne vit seul. Otez la société, que deviendrait le genre humain ? Que deviendrait l'individu même privé de toute aide dans le rude combat contre la nature, privé du langage ou de l'instrument de la pensée, réduit comme la brute à l'instinct physique, à une sorte d'existence aveugle, embryonaire, puisqu'en cet état d'isolement qui rendrait à jamais inertes ses plus hautes facultés, le développement qui fait de lui un homme véritable serait impossible ?

La tendance vers soi et la tendance vers autrui, qui se résout dans la tendance vers Dieu, étant également nécessaires à la conservation des êtres considérés soit individuellement, soit dans l'unité du tout, sont dès lors également naturelles, et, sous des formes variables selon la variété même des êtres, existent en chacun d'eux. Elles s'y manifestent suivant des lois, qui, séparées de celles qu'engendrent les relations dérivées de la forme, sont les lois propres du principe d'union ou les lois de la vie.

Ces lois, en tant qu'elles règlent la société humaine, ont reçu le nom de droit et de devoir. Le droit correspond à la tendance conservatrice de l'individu, le devoir à la tendance conservatrice du tout. Par où l'on voit que le droit et le devoir embrassent la Création entière, qu'il existe pour tous les êtres un droit et un devoir réels, ou une double règle de leur action libre ou nécessaire, règle sans laquelle toute vie s'éteindrait. Et c'est pourquoi les lois de la vie ou les lois de l'amour (1), constitutives de l'ordre pratique, ont toujours formé la partie principale des religions, et la seule qui offre un caractère, absolu quant au fond, d'immutabilité. En dehors de la foi primordiale identique à l'intelligence, les dogmes, simples conceptions progressives de l'es-

(1) On comprend assez que l'Amour, en tant que principe universel d'union ou de vie, ne doit pas être confondu avec l'attrait sympathique, qui n'en est, même chez les êtres doués de sentiment, qu'une manifestation secondaire : la sympathie est individuelle et indépendante de celui qui l'éprouve, de sa volonté, de sa liberté. Là où elle manque, le devoir subsiste toujours.

prit, ont maintes fois changé, à mesure que la science se développant développait l'esprit même. Les préceptes, au contraire, expression de l'instinct de la vie supérieure, immuables comme le besoin d'être, n'ont jamais varié. La même loi a toujours régi la société humaine, ici plus, là moins parfaitement, selon des multitudes de causes diverses, et surtout selon les doctrines reçues. Car, sans détruire la loi, l'erreur spéculative peut en vicier l'application, et, fascinant la conscience même égarée par les lueurs trompeuse d'une foi erronée, enfanter des crimes effroyables. Mais l'erreur n'a qu'un temps, et jamais elle n'est générale. Là même où elle règne passagèrement, ses conséquences ne sont que partielles ; elles ne s'étendent point à l'universalité des devoirs ; elles diminuent la vie, elles n'en tarissent point la source. Toujours, partout l'homme trouve en soi, éternellement inaltérable dans ce qui en fait l'essence, la distinction du bien et du mal.

Que si, embrassant d'une seule vue l'Univers, on cherche, dans leur rapport avec les lois de la vie, ce que les phénomènes, quelle que soit d'ailleurs la diversité des natures, ont de commun, il paraît impossible de n'être pas frappé d'un fait, au premier aspect, étrange jusqu'à la contradiction. Tout commence, tout finit ; tout ce qui vit meurt. Mais qu'est-ce que la mort ? et d'où vient-elle ? Quelle en est la raison, la cause ? Le principe de vie. Liée à son mode nécessaire d'action, elle est cette action même sous l'une de ses faces, elle est la vie enfin dans l'une de ses conditions générales d'origine et de continuité. Pour que quelque chose commence d'être, il faut qu'une autre chose lui donne son être propre ; et pour continuer d'être, au moins dans la sphère de l'organisation, même nécessité. Mais ce qui se donne, se sacrifie, perd seulement son individualité spécifique, et retrouve dans l'être supérieur dont il devient un des élémens, une nouvelle forme d'être plus élevée. Ainsi la destruction, purement phénoménale, se confond en réalité avec la production, la mort n'est que la circulation de la vie et son développement, une aspiration perpétuelle, universelle à l'unité d'être, ou à l'Etre un, éternel principe et terme éternel de tout ce qui existe au sein de l'espace et du temps.

A l'égard des êtres personnels ou intelligens, la mort, qui ne saurait atteindre la personnalité dans son élément supérieur, la faculté indécomposable de percevoir l'Etre infini, n'atteint non plus qu'en apparence l'individualité qu'elle implique. L'intelligence, en effet, rendant possible pour chacun de ces êtres un progrès auquel on ne saurait assigner de limites, ils possèdent dès lors des conditions de développement indéfini, sans quoi des puissances radicales inhérentes à leur nature, devraient rester en eux perpétuellement inertes, ils auraient à la fois et n'auraient pas une fin, puisqu'elle serait contradictoire aux inflexibles lois de leur durée.

De là l'instinct d'immortalité impérissable dans l'homme, où il subsiste concurremment avec la certitude absolue de mourir. Ce double mystère de la vie et de la mort n'a pas, en notre état présent, d'éclaircissement complet possible, parce que les conclusions de l'esprit ne pouvant être vérifiées par l'expérience, renferment toujours forcément quelque chose de conjectural, mais qui se rapporte beaucoup plus, toutefois, au mode de persistance, qu'à la persistance même de l'être. En dehors donc de l'expérience ou de l'observation directe impossible pour nous maintenant, voyons où nous conduira la raison guidée par l'analogie des faits et la connaissance de [illegible] lois les plus générales.

Nulle individualité qu'au moyen de l'organisme, lequel n'est, en chaque être, que le système de limitation correspondant au type essentiel qui constitue spécifiquement l'être. Nul organisme déterminé qui ne finisse nécessairement. Les mêmes causes par lesquelles il est, le nécessitent à cesser d'être.

Il existe une corrélation nécessaire aussi et prouvée de fait entre le développement de l'organisme et le développement des facultés, soit intinctives, soit intellectuelles, inhérentes à la nature des êtres divers. Or, tout développement organique a des bornes infranchissables : aucun organisme ne peut se développer indéfiniment, puisqu'il finit nécessairement.

Cependant la nature des êtres intelligens implique un développement indéfini, qui, lui-même, implique une persistance indéfinie de l'individualité. Or, l'un et l'autre, comme on vient de le voir, sont impossibles sous la condition d'un organisme unique. Donc, à l'égard des êtres indéfiniment perfectibles, nécessité d'u[illegible] cendance de transformations orga[illegible] l'une à l'autre, s'engendrant l'une [illegible] lon les lois universelles de la [illegible] les lois de chaque nature spéciale.

Pour les êtres de cet ordre, et pour l'homme en particulier, la mort n'est donc que l'une de ces transformations, le passage d'un état à un autre état, quelque chose de semblable à ce que la naissance est pour le fœtus, l'éclosion d'un germe contenu dans le premier organisme ; et ces organismes successifs ne sont eux-mêmes que l'évolution, sous le seul mode où elle soit possible, de l'organisation correspondante aux divers degrés de l'évolution propre de la nature humaine ou de l'homme typique réalisé, incarné en chaque homme individuel. Les êtres inférieurs mêmes offrent de nombreux exemples de ce genre de développement accompli dans une même nature par la production d'organismes divers qui s'engendrent l'un l'autre.

De tout ce qui précède, il s'ensuit :

1º Qu'il existe en Dieu une énergie spéciale, l'Amour, dont la fonction propre est, en unissant la puissance à l'intelligence, le principe de force au principe de détermination ou de forme, de les ramener à l'unité de la substance et de [illegible] possible leur action respective : qu'ainsi l'Amour, sans lequel l'Être infini ne pouvant être, [illegible] doué de propriétés, conçu comme un, ne pourrait être conçu comme être ; sans lequel encore deux énergies nécessaires de l'Être infini, séparées l'une de l'autre, demeureraient à jamais inertes; l'Amour, disons-nous, qui, accomplissant l'Être dans son unité, anime toutes ses puissances et les rend efficaces, est proprement la vie;

2° Que la même énergie spéciale qui opère en Dieu l'union de la Force et de la Forme, opère également l'union de Dieu et de l'Univers, de l'Être infini et de l'être fini, qui n'est être que par sa participation à la substance et aux propriétés divines, par la continuelle effusion de Dieu en lui, de sorte que, un avec lui par tout ce qu'il a de positif, il n'en est séparé que par le principe même du fini, par la limite d'où résulte pour lui un mode d'existence contradictoire au mode d'existence essentiel à Dieu;

3° Que tout être fini, reproduction partielle de l'Être infini, dans la mesure où il participe à son être, est un comme lui, sans quoi il ne serait pas être, et que l'unité implique en lui une tendance vers soi, laquelle n'est que la tendance à se conserver ou à continuer d'être;

4° Qu'aucun être fini n'existant que [illegible] union à Dieu, tout être fini a également [illegible] dance nécessaire vers Dieu, et que cette [illegible] résultat de l'action du principe même de vie en lui, est la condition principale, première, absolue de sa vie propre ;

5° Que la tendance commune de tous les êtres finis vers Dieu engendre nécessairement une tendance de ces êtres les uns vers les autres, ou la tendance à une union dont le dernier terme serait l'unité infinie elle-même ;

6° Que ces deux tendances, l'une vers soi, l'autre vers Dieu, d'où naît celle des êtres les uns vers les autres, l'une conservatrice de l'individu, l'autre conservatrice du tout, forment ensemble la loi suprême et universelle de la vie ;

7° Que, dans leur relation aux êtres intelligens et libres, ces tendances vitales constituent le droit et le devoir ;

8° Que, dès lors, le droit et le devoir n'étant, à l'égard de l'homme, que la loi de vie dans ses rapports à la nature humaine, la loi selon laquelle tout, dans la Création, est et continue d'être par l'union à Dieu et par l'union mutuelle des êtres, le droit et le devoir ou la loi de vie est la religion même en ce qu'elle a de plus intime, de plus directement relatif à sa fin, qui est de *lier* les êtres, de leur imprimer un mouvement commun vers l'unité dans laquelle se résume la vie : *ut unum sint*;

9° Enfin, que la nature de l'homme impliquant un développement indéfini, si chaque homme n'avait pas en soi les conditions d'une persistance indéfinie, aucun homme ne pouvant réaliser en soi la fin de sa nature, l'homme même serait, non pas une énigme, un mystère, mais une contradiction absolue.

CHAPITRE II.

DE LA VOLONTÉ DANS SES RELATIONS A DIEU ET PAR RAPPORT AU BUT FINAL DE L'HUMANITÉ.

On a vu que les êtres étaient tout ensemble et la Création même actuellement accomplie, et le moyen nécessaire, les instrumens actifs de la création progressive. C'est par eux que Dieu continue de créer, par eux que son action se détermine aux effets variés, aux productions diverses dont l'enchaînement dans l'Univers représente celui des idées, des types immuables qu'éternellement l'Être infini contemple en soi, et qui sont lui-même en tant que participable; car tout est de lui, tout tire de lui sa substance, sa force, sa forme, sa vie; tout subsiste par une effusion perpétuelle de son être.

La coopération de chaque être à l'œuvre progressive de la création est réglée à la fois par les lois générales des êtres et par les lois particulières de sa nature spéciale. Qu'il connaisse ces lois ou ne les connaisse point, qu'il ait même ou n'ait pas conscience de son action, pourvu qu'il agisse selon sa nature, ce que ne sauraient ne pas faire les êtres nécessités, il remplit sa fonction, il concourt, aussi parfaitement qu'il lui soit possible, aussi parfaitement que l'exige l'ordre universel, à la conservation du tout et à son développement éternel.

Les fonctions propres des êtres intelligens ayant aussi, et nécessairement, les mêmes lois pour règle, ils ne se distinguent à cet égard des êtres inférieurs que par une différence unique, mais immense, puisqu'elle a pour mesure la distance qui sépare la liberté de la fatalité. De ces êtres, l'homme seul nous étant connu, nous nous occuperons aussi de lui seul, certains d'ailleurs qu'à part les modifications secondaires dépendantes de la diversité des natures, ses lois sont les lois de tous les êtres intelligens au sein de l'Univers.

La puissance productrice de ses actes en tant qu'intelligent a reçu un nom qui la distingue de la puissance purement physique avec laquelle il importait de ne pas la confondre; on l'appelle volonté. En dehors des actes qui ne sont pas exclusivement organiques, et parmi lesquels il en est beaucoup dont il n'a même pas la conscience, tout acte résulte d'une volonté, en est l'effet. Or, nulle volonté, et, conséquemment, nul acte possible, qu'à deux conditions préalables, connaître et aimer. On ne saurait vouloir sans connaître, puisque la volonté, chose contradictoire, n'aurait aucun objet ; on ne saurait non plus vouloir sans aimer, puisque vouloir c'est tendre, par un mouvement actuel, à un terme vers lequel on est attiré. Nous nommerons motif la condition relative à l'intelligence, attrait la condition relative à l'amour. L'attrait ou l'amour rend la volonté efficace en unissant la puissance au motif, le principe de force au principe de détermination. On reconnaît ici les mêmes conditions identiques nécessaires pour qu'un corps se meuve. Absolues en soi, ces conditions embrassent tous les ordres d'êtres : de la plus simple molécule à l'homme, nulle différence que celle des modes de manifestation, variable suivant les natures diverses.

Puisqu'on ne veut qu'autant qu'on connaît et autant qu'on aime, les lois de la volonté sont les lois de l'intelligence et de l'amour. L'homme doit vouloir ce que Dieu veut, puisque sa fin particulière, comme la fin générale des êtres, est de coopérer à l'œuvre de Dieu, de créer avec Dieu. En voulant selon les lois de l'intelligence, il veut selon l'ordre, qui se résout dans l'unité de la forme infinie; en voulant selon les lois de l'amour, il veut selon les conditions de la vie, qui se résout dans l'unité de la vie infinie; il est, au degré où le permet sa nature, uni à Dieu, un avec Dieu par sa volonté, sa puissance d'agir et son action même, comme il est uni à Dieu, un avec Dieu par les autres énergies radicales de son être.

L'ensemble des actes accomplis selon les lois de l'intelligence et de l'amour dans la sphère supérieure appelée Religion, constitue proprement le culte, et ainsi le culte est à la volonté ce que la foi primordiale et la science progressive sont à l'intelligence, ce que le droit et le devoir sont à l'amour; il est la réalisation effective du Vrai et du Bien, l'incarnation de l'ordre et de la vie, l'expression de la société et la société même sous sa forme la plus haute, de la société que déterminent les rapports naturels des êtres et les intrinsèques nécessités de l'existence, avant toute spécification dépendante de ce que ces êtres ont de divers. En un mot, veut-on se représenter le culte dans sa pleine grandeur, qu'on embrasse d'une seule vue le travail entier de la Création, tous les actes produits à la fois au sein de l'Univers, sous l'influence des causes et des lois harmoniques, qui, les liant entre eux, les dirigent tous vers l'unité suprême, on en aura le tableau complet et la seule idée véritable; car le culte, par rapport à tout être particulier, le culte relatif à sa nature spéciale, n'est qu'une partie, un élément de ce culte un et universel.

Nous n'avons ici à le considérer qu'en ce qui touche immédiatement l'homme. Comme être libre et intelligent; sa volonté ayant une règle qu'il ne saurait enfreindre sans porter le désordre en soi, et sans imprimer dès lors à son être une tendance vers le non-être, vers le mal, il doit s'interdire certains actes et accomplir les actes contraires, pour se maintenir dans les voies de la vie, pour remplir la fonction que lui assignent les lois éternelles de la Création, identiques aux conditions mêmes de toute existence finie.

Quoique la Religion, sous les formes à beaucoup d'égards imparfaites qu'elle a revêtues chez les peuples divers, se soit spécialement caractérisée par les devoirs imposés à l'homme intellectuel et moral, elle n'a pas laissé néanmoins d'étendre ses prescriptions jusqu'à l'homme physique même. Partout, quelle que fût d'ailleurs la différence des âges et des civilisations, les législateurs religieux ont joint aux préceptes destinés à régler la pensée et l'amour, d'autres règles qui, constituant une espèce d'hygiène sainte, formaient une partie intégrante du culte. Les religions les plus spiritualisées en offrent de nombreux exemples; tant est puissante la nécessité radicale et primordiale qui ramène les élémens les plus dissemblables de chaque être et tous les ordres d'êtres sous une même loi de vie. Restreignant toutefois l'idée de culte aux actes proprement de religion, de la religion conçue en soi, dans ce qu'elle a de nécessaire, d'universel et d'indépendant de tout système particulier, nous essaierons de déterminer les conditions essentielles du culte par rapport aux relations de l'homme à Dieu et des hommes entre eux; après quoi, passant de l'individu à la société où la Religion devient une institution positive, variable en certaines limites selon la diversité des conceptions dogmatiques, nous la considérerons dans son organisation, ses pratiques, ses rites et ses manifestations symboliques.

L'importance même de la Religion qu'on pourrait définir l'ensemble des lois conservatrices de l'homme intellectuel et moral, a eu trop souvent pour effet de séparer profondément les hommes de religions diverses, parce que, ayant confondu la Religion universelle et nécessaire avec ce qui n'est pas elle et l'altère fréquemment, les spéculations de l'esprit, les théories d'une science ou fausse ou imparfaite, les rêves de l'imagination, ils l'ont cru radicalement liée à ces accessoires indifférens ou erronés, et se sont même persuadés qu'ils en formaient au moins la partie principale : d'où cette conclusion, que quiconque les rejetait, rejetant la Religion, se mettait dès lors en opposition directe avec Dieu et hors de l'Humanité, puisqu'il en niait la loi suprême. On comprend combien de haines, d'effroyables divisions, de calamités ont dû sortir de cette erreur funeste. L'histoire du passé en est pleine, et aujourd'hui encore il n'est point, dans le monde entier, de cause plus active et plus générale de persistante inimitié entre les membres de la famille humaine. Que sont aux yeux les uns des autres les sectateurs des différens cultes? Se reconnaissent-ils pour frères? ou plutôt ne dirait-on pas que, mutuellement antipathiques par le fond de leur nature, comme certaines races des êtres inférieurs, Dieu, en les créant, a écrit sur leurs fronts : Ennemis ! Il est temps d'effacer ce blasphème. La religion véritable unit et ne sépare jamais. Contemporaine de l'homme, elle ne date point de telle ou telle ère, elle subsiste immuable au milieu des vissicitudes de tout le reste, du mouvement de la pensée, des progrès de la science, de la variété des conceptions qui vont se réformant et se développant sans cesse, parce que leur double objet enveloppant l'être sous ses deux modes infini et fini, elles tendent vers un terme éternellement au-delà d'elles-mêmes, la science absolue, la science propre de Dieu. Quelles que soient donc les formes extérieures du culte, quelles que soient les aberrations où les peuples ont été entraînés par l'ignorance, la superstition, les convoitises, la peur et tout ce qu'enfante de désordonné l'infirmité humaine, il existe un culte naturel, essentiel, expression des lois invariables des êtres, des lois en vertu desquelles chacun d'eux, remplissant sa fonction, atteint sa fin particulière et concourt à la fin générale de la Création. L'homme en apporte avec soi l'instinct, qui n'est que l'instinct de la vie, et, à mesure que s'étend pour lui la sphère de la pensée et de la connaissance, la règle instinctive de ses actes, conçue par l'esprit, se transforme, en quelque manière, et devient, dans l'ordre de l'intelligence, le motif d'action, la règle morale de l'agent libre. Tel est le culte au point de vue où nous l'allons considérer.

CHAP. III.

DU CULTE EN CE QUI TOUCHE LES RELATIONS DE L'HOMME A DIEU.

La reproduction de l'Être infini sous les conditions du fini, et conséquemment sous la condition d'un développement éternel, voilà tout ensemble le but final de la Création et la Création effective. Elle est de Dieu et une avec Dieu dans la mesure où elle participe à son être et à ce que renferme son être, et s'il était possible que son progrès dans l'être eût un dernier terme, parvenue à ce terme, elle serait Dieu même; mais, perdant alors le seul caractère qui la distingue de lui, ou cessant d'être finie, elle perdrait sa réalité extérieure à Dieu, son existence propre, et absorbée dans l'unité infinie, elle redeviendrait une pure idée divine.

La tendance générale de la Création, et son but

final étant la tendance et le but final de chacun des êtres dont elle se compose, Dieu est la fin de tout être, tout être tend vers Dieu, tend à s'unir à Dieu, au degré où le permet sa nature; c'est là sa première loi, la loi d'où dépend primitivement, comme on l'a vu, sa conservation, puisqu'il ne peut être et continuer d'être qu'autant qu'il est uni au Principe de l'être.

Les actes par lesquels l'homme s'unit à Dieu et tend à s'y unir d'une manière toujours plus intime, constituent proprement le culte dans ses relations immédiates à Dieu; et les actes émanant de la volonté, n'étant, dans leur origine, que la volonté même actuellement active, le culte dès lors, le culte essentiel est l'union de l'homme à Dieu par la volonté. Mais nulle volonté possible qu'à deux conditions, connaître et aimer; et puisqu'on ne veut qu'autant que l'on connaît et que l'on aime, qu'en vertu d'un motif et d'un attrait, les lois de l'intelligence et de l'amour sont les lois de la volonté, et les actes de culte, les actes de la volonté dans leur double rapport à l'intelligence et à l'amour, ou plus spécialement, selon l'idée restreinte que l'usage commun attache au mot de culte, ceux de ces actes qui, directement relatifs à la fin générale et dernière des êtres, enveloppent à l'égard des plus élevés la notion de devoir.

La perception, la vision de Dieu ou de l'Être infini crée l'intelligence; elle affirme Dieu par cela seul qu'elle est, elle adhère invinciblement à l'objet de sa perception, et cet acte primordial et nécessaire de foi est le fondement de tous les actes de culte, car il faut d'abord croire à Dieu, affirmer Dieu intérieurement, pour pénétrer ensuite dans ce qu'il est, et s'unir à lui plus parfaitement par cette connaissance plus parfaite. L'intelligence, en effet, se divinise à mesure que la science de Dieu se développe, car le mieux connaître, c'est être intellectuellement plus uni à lui, plus un avec lui.

Le dogme est l'expression de la science, l'énoncé de ses résultats; et, comme la science n'a rien d'absolu, le dogme non plus n'a rien d'absolu. Produit du travail de l'esprit et assujetti à ses lois, sa certitude a pour limites les limites mêmes de la certitude humaine. Il est le vrai sous les conditions où l'homme fini le peut posséder, et encore tous ne le possèdent ni également, ni selon le même mode, car tous ne le saisissent pas en soi, tous n'en ont pas la perception claire et directe. Tous cependant y participent par une volontaire adhésion à ce que les plus éclairés conçoivent, ou par des actes de foi, lesquels, en ce qui touche la science de Dieu, sont des actes de culte; et tous ces actes sont renfermés dans l'acte de foi primitif, universel et permanent, qui constitue l'intelligence et opère son union radicale à Dieu.

Tout ce qui est tend à être, et tend dès lors vers le Principe de l'être. Cette tendance, aveugle chez les êtres incapables de connaître, revêt un caractère nouveau, est amour enfin chez les êtres intelligens; et comme il existe en eux une foi primordiale et nécessaire, il y existe aussi un amour nécessaire et primordial, lequel est la vie dans l'ordre supérieur au pur instinct. Ainsi naturellement l'homme aime Dieu, et son amour, qui se confond à l'origine avec l'aspiration invincible à l'être, suit le développement de l'intelligence, s'élève avec elle et devient l'amour libre de Dieu conçu par l'esprit, de l'Être parfait, source éternelle, inépuisable du vrai et du bien; et les actes d'amour sont des actes de culte, et tous sont renfermés dans l'acte d'amour primitif, universel et permanent qui constitue la vie de l'être uni par lui au Principe de vie.

Acte de foi, acte d'amour, voilà le culte dans

ses relations à Dieu, car nul autre acte qui n'en dérive. Ainsi l'espérance est un amour qui croit, l'union de la foi et de l'amour dans un acte complexe.

Croire, aimer, espérer, ces trois actes sont contenus dans l'adoration, sont l'adoration même. L'homme, en adorant, reconnaît que son être, don sans cesse renouvelé du souverain Être, le place à son égard en un état d'absolue dépendance; que par lui seul il a commencé d'être, par lui seul il continue d'être, et qu'il cesserait d'être à l'instant où cesserait l'effusion de l'Être infini en lui. Autant donc il aspire à être, autant il se porte avec véhémencc vers le Principe de l'être, protestant de sa volonté d'être uni à lui, de sa soumission dès lors aux lois de cette union, aimant ce qu'il croit, espérant ce qu'il aime, se plongeant au fond de son propre vide pour y attirer le regard de celui qui peut et veut le remplir de soi.

Comme la foi et l'amour engendrent l'espérance, ils engendrent aussi le désir, et le désir c'est la prière, le mouvement vers Dieu; l'aspiration naturelle à Dieu. La prière donc est un acte de culte, est le culte même en un de ses points essentiels. Antérieure à tout enseignement, indépendante de toute formule, elle se produit spontanément dans l'âme humaine, elle en est la respiration.

On ne doit pas confondre l'impulsion, l'instinct natif, général, perpétuel, avec ses manifestations variables suivant les opinions accessoires qui les modifient. Ainsi, qu'une fausse idée de l'action de Dieu dans l'Univers persuade aux hommes ignorans des lois d'après lesquelles les phénomènes naissent les uns des autres et s'ordonnent, leur persuade, disons-nous, qu'ils peuvent être l'effet immédiat, arbitraire, de volontés du souverain Être libres de toutes conditions extérieures à lui, leurs prières s'empreindront de cette croyance. Ils demanderont tout, avec la confiance de tout obtenir par une directe intervention de la Puissance suprême. En ce cas, sans doute, une erreur se mêle à la prière, mais cependant la prière subsiste, car le désir en se portant vers Dieu a opéré l'union avec Dieu, dans la mesure de la foi et de l'amour qu'il renferme.

Des philosophes, même religieux, ont rejeté la prière sur le double motif de son inutilité, puisque Dieu connaît nos besoins avant que nous les lui exposions, et de son inefficacité, puisque

Dieu n'agit point par des volontés particulières différentes des causes dont l'enchaînement constitue l'ordre universel identique au bien. Ces philosophes ont méconnu l'essence de la prière, en la confondant avec les croyances erronées qui s'y peuvent joindre, et les demandes irréalisables qu'elles suggèrent quelquefois. Ce n'est pas à l'égard de Dieu que la prière est nécessaire, mais à l'égard de l'homme, comme moyen d'union avec Dieu. Elle affirme son être, sa puissance, sa bonté, elle maintient l'âme dans la direction de la vie dont il est la source. Et voilà pourquoi nul ne prie qui ne se sente meilleur et plus fort après avoir prié. Il a, en priant, accompli un acte naturel, un acte vital, il a comme aspiré le souffle qui anime tous les êtres, il s'est nourri de Dieu. Qu'importent les erreurs de l'esprit aux résultats de la fonction? Si la prière est inefficace lorsqu'elle implique, quant à son objet, une violation des lois naturelles, elle ne l'est jamais en elle-même. Les Suisses tombant à genoux avant de combattre à Morat et invoquant le Dieu protecteur des causes justes, ne vainquirent pas miraculeusement; mais la prière, sans aucun doute, affermit leurs cœurs et leurs bras. Dans les combats aussi que l'homme a si souvent à livrer contre soi-même, combien la prière ne le soutient-elle pas? En élevant la pensée et l'amour, en éveillant l'action des puissances supérieures de l'être, elle prépare la victoire du principe du bien.

Ainsi, dans ses relations à Dieu, le culte se réduit fondamentalement à deux actes, l'acte de foi et l'acte d'amour.

Adorer c'est croire et aimer, c'est, en reconnaissant l'absolue dépendance où l'on est du souverain Être, tendre à s'unir à lui pour vivre par lui et de lui, et la volonté génératrice des actes de foi et des actes d'amour, accomplit cette union dans la sphère propre de l'être intelligent et libre.

De la foi et de l'amour naissent l'espérance et le désir.

Prier, c'est espérer et désirer, c'est le mouvement de l'âme aimante et croyante vers le terme infini de la foi et de l'amour.

Plus élevé, plus parfait suivant la perfection des natures diverses, le culte est l'expression d'une loi nécessaire et universelle. Nul être qui ne tende vers Dieu, qui n'aspire à Dieu, par cela seul qu'il tend, qu'il aspire à être. La Création entière adore et prie. Si, à ses degrés inférieurs, elle n'a ni l'intelligence de ses lois, ni la conscience de ses actes, ils n'en sont pas moins dirigés vers la fin que ces lois leur assignent, et le travail de la vie, sa perpétuelle évolution au sein de l'espace et du temps sans bornes, n'est que le mouvement éternel et l'éternelle aspiration dont l'Être infini est le terme.

CHAPITRE IV.

DU CULTE EN CE QUI TOUCHE LES RELATIONS DES HOMMES ENTRE EUX.

Les hommes ne peuvent tendre vers Dieu qu'ils ne tendent les uns vers les autres, ni tendre les uns vers les autres qu'auparavant ils ne tendent vers Dieu. Ainsi l'amour de Dieu engendre l'amour du prochain, conséquence de l'amour de Dieu, le manifeste dans les actes qui, liant les hommes entre eux, constituent fondamentalement la société, et ces actes dès lors sont des actes de culte.

On doit distinguer soigneusement cet amour du prochain obligatoire et universel, de la sympathie qui rapproche certains individus par une sorte d'attraction indépendante de la volonté. L'un est le devoir qui s'étend à tous, l'autre un sentiment de préférence variable comme ses causes inconnues et dont nul n'est maître.

Des deux conditions générales de l'existence des êtres finis, l'une correspondante au droit conservateur de l'individu, l'autre au devoir conservateur du tout, et conséquemment aussi de l'individu qui ne vit que dans le tout ; de ces deux conditions inséparables, la dernière constitue plus spécialement la loi morale, sans laquelle aucune association humaine ne pourrait ni subsister ni se former, sans laquelle dès lors l'homme lui-même, privé de tout moyen de se développer selon sa nature, serait dans l'impuissance absolue de se conserver.

Les actes commandés par la loi morale ont pour caractère essentiel et commun le sacrifice. Tout devoir est un dévouement, la subordination de soi à autrui, dont la raison se trouve dans la subordination nécessaire à Dieu : car l'ordre qu'établit entre les êtres cette subordination de soi à autrui, est l'ordre même selon lequel Dieu communique son être, ou, comme nous l'avons expliqué ailleurs et le rappellerons de nouveau prochainement, une nécessité radicale de toute existence. Le devoir est donc, en quelque sorte, un prolongement de l'adoration, une de ses formes secondaires. Aussi, la loi morale fait-elle partie de toutes les religions, essentiellement invariable en toutes, tandis que le dogme, au contraire, varie suivant l'état de l'esprit et de la science ; et l'on comprend qu'il en soit ainsi, car la loi morale c'est la loi de la vie, indépendante de la manière dont on en conçoit le fondement, indépendante, par conséquent, du dogme, qui est cette conception même : non toutefois que la vérité ou l'erreur dogmatiques soient indifférentes, mais parce que, en dehors des croyances primitives, nécessaires, qui constituent l'intelligence et créent l'être moral, la loi de vie subsiste et produit son effet, quoiqu'en des mesures diverses, à tous les degrés du développement de la pensée et de la connaissance. Ainsi, dans l'ordre physiologique, la loi de vie détermine une suite d'actes indispensables pour la conservation des individus et de l'espèce, actes spontanés, indépendans du dogme scientifique ou des théories par lesquelles la science s'efforce d'expliquer la raison des commandemens de la Nature, ou, s'il est permis d'unir ces deux mots, du devoir physique.

De la tendance des individus les uns vers les autres ou de l'amour mutuel résulte pour chacun, par l'effusion de soi en autrui, une plus grande somme du bien auquel tous aspirent, une plus abondante participation de l'Être infini simultanément donné et reçu, car en se donnant, c'est lui qu'on donne. Le terme de cette tendance est l'unité de l'homme typique, un lui-même avec Dieu, en qui éternellement il existe, non comme être, mais comme simple idée. Et puisque, d'une part, ce terme atteint, l'homme, absorbé en Dieu, perdrait son existence propre, et que, d'une autre part, s'il ne tendait vers ce même terme, il serait hors des conditions de la vie, il s'ensuit clairement que la loi de la vie, la loi de l'amour est, à tous ses degrés, une loi de sacrifice ; qu'ainsi le devoir qui comprend tous les actes d'amour, le devoir qui unit les êtres à Dieu en les unissant entre eux, est nécessairement conçu comme une partie intégrante du culte.

Etroitement lié au droit, on ne saurait l'en séparer, car le droit est, non moins que le devoir, une condition de la vie, et la première, la plus immédiate à l'égard de la vie purement individuelle. Aussi se résout-il également dans l'amour, mais l'amour de soi, opposé à l'amour d'autrui, l'amour universel, non par son essence, mais par sa direction. Le premier, en effet, principe de l'unité de l'individu, le concentre en soi ; le second, principe de l'unité du tout dont l'individu n'est qu'un élément, mais un élément nécessaire, le porte vers le tout extérieur à lui et l'y subordonne. Sans l'individualité multiple, rien ne serait ; sans la subordination de l'individualité à l'unité supérieure du tout, rien encore ne serait. Donc, le droit qui conserve l'individu, le devoir qui le subordonne au tout, forment, par leur union, la loi de vie ou la loi absolue de l'existence pour tous les ordres d'êtres et pour l'homme en particulier.

Au droit correspond la justice, au devoir la charité, laquelle enveloppe dans sa notion l'amour de Dieu et l'amour des hommes, impossible sans l'amour de Dieu. Qui respecte le droit d'autrui, qui ne fait à personne ce qu'il ne voudrait pas qui lui fût fait, celui-là est juste. Qui fait à autrui ce qu'il voudrait qu'autrui lui fît, se dévoue, se donne, et tend ainsi à l'unité où, par ce don mutuel de soi, tous ne seraient qu'un dans l'unité infinie de Dieu même, celui-là est saint.

Toute distinction entre le bien et le mal, toute règle des actions humaines, implique la tendance vers ce terme idéal, qui fixe la direction de la volonté ; et la direction droite ou fausse, bonne ou mauvaise de la volonté détermine l'état moral de chaque homme, ses rapports avec les lois de l'ordre ou les lois de la vie.

Les relations de l'homme avec ses semblables pendant la phase terrestre de son évolution, dépendent radicalement de ces lois nécessaires et universelles. Elles constituent la législation fondamentale de la société, quelles qu'en soient les formes et les modifications secondaires. Chacun possédant le même droit, tous sont égaux, et, dès lors, libres à l'égard l'un de l'autre; ils n'ont qu'un maître, l'Auteur des choses, *Celui qui est*, et qui, par l'effusion de son être en eux, revêt à leur égard le caractère d'une souveraine paternité. Enfans donc du même Père, participant d'une même nature indivisiblement une, ils sont frères; et le devoir qui, d'individus égaux en droit, isolés, séparés dans leur mutuelle indépendance, fait comme un seul être par l'intime union qu'il établit entre eux, par le dévouement, le sacrifice de chacun à tous, le devoir a pour expression cette fraternité même.

Que si, jouissant pleinement de son droit, chaque homme accomplissait rigoureusement son devoir, si la loi suprême d'égalité, de liberté, de fraternité régnait parfaitement sur la terre, l'Humanité, une en elle-même, une avec Dieu, au degré où maintenant elle peut l'être, aurait atteint la perfection que comporte son état présent. Le progrès ultérieur impliquerait un changement dans son mode d'existence, la transformation dont elle a l'invincible pressentiment.

Les applications de la loi du devoir aux actes divers dépendent des lois spéciales qui dérivent des rapports de l'homme avec Dieu et avec la Nature, et des relations que la société établit entre les personnes.

Aux lois qui dérivent directement des rapports de l'homme avec Dieu, correspondent les devoirs dont la fin est la conservation et le développement de l'être spirituel, l'adoration et la prière, l'union des âmes, l'amour du prochain et les œuvres qu'il inspire, la parole qui dirige, fortifie, console, l'enseignement de la science, la mutuelle communication du vrai et du bien.

Aux lois qui dérivent des rapports de l'homme avec la Nature, correspondent les devoirs dont la fin est la conservation et le développement de l'être organique, le secours réciproque, l'aide et les soins accordés au faible, la mutuelle communication de ce que la terre offre spontanément à l'homme, ou qu'il en obtient par son travail, le partage fraternel des biens que le Père de tous a destinés à tous.

Aux relations que la société établit entre les personnes, correspondent les devoirs constitutifs de la famille et des associations de familles, les devoirs politiques et civils, les devoirs envers la Patrie, qui n'ont au-dessus d'eux que les devoirs envers le genre humain.

Des rapports de l'homme avec la Nature dérivent encore d'autres devoirs relatifs, d'une part, à l'ordre général, que l'homme en tout doit tendre à maintenir, et, d'une autre part, aux droits très-réels des êtres inférieurs, car tout être a son droit. Détruire sans une fin légitime, priver un être si infime qu'il soit, de l'existence qu'il tient de Dieu, lui infliger des souffrances que ne justifie aucun but supérieur, qui ne sont pas une suite inévitable des lois de la vie même, c'est violer le devoir et introduire le mal dans la Création.

Dans la sphère des rapports qui lient les hommes entre eux, la règle de la volonté ou la loi morale étant une avec la loi qui lie l'homme à Dieu, et identique aux conditions primitives, nécessaires, universelles de l'existence, obéir à la loi morale, c'est obéir à Dieu, s'unir à lui, concourir avec lui à la conservation et au développement de son œuvre, c'est accomplir des actes de culte, car le culte, comme on l'a vu, n'est que la volonté même ou la puissance productrice des actes réglée par les lois de l'intelligence et de l'amour, les lois de l'ordre et les lois de la vie, qui se résout dans la participation à l'être de Dieu, et conséquemment dans l'union à Dieu.

De tout ce qui vient d'être dit il résulte clairement que la Religion ne forme point un ordre à part, en dehors de la Nature et de ses lois, qu'elle est, au contraire, la suprême législation de la Nature même unie à son Auteur, et, quant à l'homme en particulier, l'ensemble des conditions de sa vie supérieure ou des actes libres par lesquels s'accomplit l'union de plus en plus parfaite des individus dans l'Humanité, et de l'Humanité à Dieu.

CHAPITRE V.

DU SACERDOCE.

En ce qu'il a d'essentiel et de premier, le culte est intérieur comme la foi et l'amour, simples états de l'âme antérieurs aux actes qui les manifestent au dehors. Ainsi le culte intérieur est au culte extérieur ce que la pensée est à la parole, et l'amour à son expression. Mais, à raison de la nature de l'homme, de la complexité de son être à la fois spirituel et organique, ou déterminé par des conditions corporelles qui en fondent la réalité dans l'espace et le temps, du culte intérieur naît le culte extérieur, et celui-ci peut être ou social ou individuel. Nous n'avons jusqu'ici parlé que du dernier. Nous traiterons de l'autre après avoir essayé de définir une notion qui leur est commune.

En effet, l'idée de culte enveloppe celle de sacerdoce, corrélative à une fonction tenue pour sacrée, comme l'indique le mot même. Or, selon la pensée de tous les peuples, ce caractère sacré appartient aux actes de religion et n'appartient qu'à eux. Tout acte de religion, tout acte dont la tendance, le but est d'unir l'homme à Dieu, est donc un acte de sacerdoce, et tout homme devant tendre à s'unir à Dieu, accomplir les actes dont cette union est le but, tout homme exerce un vrai sacerdoce, est naturellement prêtre et doit en remplir les fonctions pour se conserver et se développer suivant les lois de la vie. Mais les actes par lesquels s'effectue cette union, les actes qui procèdent de l'intelligence et de l'amour, sont nécessairement des actes personnels. Qui peut croire pour un autre, aimer pour un autre? Le sacerdoce est donc essentiellement individuel, puisque, dans l'ordre spirituel étroitement lié à l'ordre physique, il est une condition de l'existence de l'individu. Universel comme l'Humanité et non moins ancien qu'elle, il ne peut relever d'aucune institution postérieure contingente; ni humaine, car ce n'est pas l'homme qui a créé et sa nature et les lois de sa nature; ni divine, car les lois de la nature sont les seules lois divines, le seul mode d'action de Dieu dans l'Univers, comme l'Univers lui-même est, pour parler ainsi, sa seule institution, qui comprend tous les êtres et toutes les lois des êtres dans sa complexité infinie.

Lorsqu'on dit que tout homme exerce un véritable sacerdoce, que tout homme est prêtre, on doit donc éloigner de l'esprit l'idée d'une fonction qui ne dériverait pas immédiatement de la nature même. L'homme est prêtre comme il est souverain ou naturellement libre en vertu de son droit égal au droit d'autrui. Tout acte de liberté est un acte de souveraineté. Tout acte de devoir, et spécialement de devoir envers Dieu, est un acte de sacerdoce. Être prêtre et agir comme tel, c'est accomplir les actes dépendans de cet ordre de devoirs, les plus élevés qu'imposent à l'homme les lois de sa nature, identiques aux lois de la Création entière.

Ainsi, encore une fois, le devoir étant personnel et nécessairement personnel, puisque nul ne peut accomplir le devoir d'autrui, le culte est personnel et le sacerdoce aussi. Mais, en même temps, le devoir envers Dieu, qui oblige chacun individuellement et ne peut être accompli qu'individuellement, revêt dans la société une forme sociale, qui, sans en altérer l'essence ni en changer les conditions fondamentales, lui imprime, à certains égards, un caractère nouveau. L'instinct inné qui porte les hommes à se rapprocher, à s'unir, les a, dès l'origine, attirés autour d'un autel commun, pour y adorer, y prier ensemble, et l'un d'eux dès lors, ministre désigné de ce culte extérieur, a dû être la voix de tous, adorer, prier au nom de tous, représenter l'association dans ses relations à Dieu, comme le père représente la famille. Cette fonction publique émanée du sacerdoce individuel, ne crée point un autre sacerdoce, elle exprime seulement, par rapport à ce que l'homme a de plus haut, la fusion des individus dans l'unité sociale.

Aux époques antiques, le patriarcat offre l'exemple de ce sacerdoce naturel. Mais chez les peuples où le mouvement de l'esprit enfanta des dogmes spéculatifs fondés sur une imparfaite connaissance de l'Univers et de son Auteur, des systèmes arbitraires de théologie, on vit naître des sacerdoces également arbitraires, liés à l'établissement de cultes réputés d'institution divine immédiate et surnaturelle. Ainsi fut faussée la notion du véritable culte et du sacerdoce véritable. Des prêtres supposés investis d'un pouvoir supérieur à l'humanité, se placèrent entre l'homme et Dieu, parlèrent, commandèrent en son nom, exerçant une domination proportionnée à l'aveugle foi qu'obtenait leur parole. Selon les temps, les lieux, les doctrines, ils se constituèrent tantôt en castes privilégiées, en corporations aristocratiques, tantôt monarchiquement sous un pontife suprême, mais toujours séparés du reste de la nation plus ou moins asservie à leur autorité spirituelle à la fois et temporelle, car de la religion dérivaient les lois politiques et civiles; et il s'en faut de beaucoup que cette idée antique d'unité fût aussi dépourvue de fondement qu'au premier aspect elle le peut paraître. Malgré ses applications erronées, elle renfermait une vérité profonde. Qu'est-ce, en effet, que la société conçue dans son essence, sinon l'organisation du droit et du devoir? et où trouver qu'en Dieu, dans les conditions nécessaires de l'existence des êtres qu'il a créés, la raison du devoir et du droit? Mais, en sortant de l'ordre naturel, en substituant à la religion immuable, éternelle, les rêves de la pensée transformés en révélations divines, au sacerdoce universel des sacerdoces particuliers surnaturellement institués de Dieu, on détruisait radicalement le droit, on ébranlait la base du devoir dont la conscience cessait d'être juge, on ensevelissait l'homme sous les ruines de sa nature même.

L'ignorance, la curiosité, le désir, la crainte, le penchant au merveilleux, né du sentiment de l'infini auquel toute créature intelligente aspire, durent de bonne heure ouvrir la voie aux révélations propres à satisfaire cet instinct de grandeur et ces besoins de la faiblesse. Envisagées comme autant d'efforts pour arriver à la solution des grands problèmes de la pensée, elles tiennent une place considérable dans l'histoire de l'esprit humain. Elles ont pu même, à quelque degré, par l'autorité supérieure que leur prêtait la créance publique, faciliter, chez des hommes grossiers, l'introduction de la vie civile, et longtemps encore après ces premières époques, revêtir les lois d'un caractère plus sacré, et y attacher une sanction plus efficace. Mais il n'en est pas moins certain qu'en s'opposant au libre usage de la raison, en soumettant les peuples à une puissance au-dessus de tout contrôle, en les réduisant à l'aveugle obéissance des brutes, elles ont produit des maux effroyables. Maître et, en quelque sorte, propriétaire de l'Humanité, le prêtre serait devenu sur la terre le

Dieu qu'il représentait, s'il n'avait rencontré dans l'Humanité même et ses lois éternelles, un obstacle heureusement invincible. Cet obstacle grandissant toujours, à mesure que croissaient les lumières, on s'est toujours aussi rapproché de l'ordre véritable, et l'on y entrera tout à fait, quand la Religion mieux conçue cessera, comme le sacerdoce, d'être aux yeux des hommes une institution surnaturelle originairement, et quand elle ne sera pour eux que ce qu'elle est en réalité, la plus haute expression de leur nature même et sa suprême législation.

CHAPITRE VI.

DU CULTE SOUS SA FORME SOCIALE.

Si le culte réel, qui se résume dans l'accomplissement du devoir, et plus spécialement, suivant la notion restreinte qu'on s'en est faite, du devoir envers Dieu, est essentiellement individuel; d'un autre côté, l'individu ne se conserve, ne se développe qu'au sein de la société. Privé hors d'elle de l'instrument de la pensée, du langage, il ne pourrait guères s'élever au-dessus de l'instinct. Réduit presque à l'état des simples animaux, les facultés qui le distinguent d'eux demeureraient à jamais latentes. Ce ne serait pas l'homme, mais le fantôme de l'homme, une créature sans nom destinée à disparaître bientôt comme le germe avorté dans la fleur, comme l'embryon informe arrêté au commencement de sa croissance. Et, puisqu'il ne vit de sa vie véritable que dans la société, toutes les conditions de sa vie, soumises à celles de la société, en prennent le caractère ou se produisent sous une forme sociale.

C'est ainsi que la religion devient une institution publique, et la première et la plus importante, car, expression des lois fondamentales de l'existence et règle suprême des actes nécessaires pour la perpétuer, elle est la base de la société et la société même, toute société n'étant que l'union des êtres avec Dieu et des êtres entre eux.

En ce qui touche l'homme, on a vu que la religion se composait des lois de l'intelligence et de l'amour, d'où dérivent celles de la volonté génératrice des actes qui constituent proprement le culte. De l'intelligence émane la connaissance des dogmes ou des vérités-lois. De l'amour émanent le droit et le devoir, conditions primitives et universelles de la vie.

Or, la connaissance des vérités-lois est le produit du travail continuel des esprits. Vérifiés, rectifiés, accrus sans cesse, les résultats de ce travail forment la possession commune et comme le patrimoine intellectuel de l'Humanité. Tous y participent, et, recueillant ainsi les fruits du labeur des générations précédentes, partent, dans le cours successif des âges, d'un point toujours plus avancé pour se rapprocher toujours plus du terme infini de la science. Que chacun fût contraint d'accomplir pour soi ce travail des générations, aucun progrès ne serait possible. Eternellement le genre humain croupirait à l'entrée de la route du vrai. Les limites de l'individu seraient les limites de l'espèce, en cela pareille à la brute dont cette impuissance à franchir les bornes que chaque individu atteint spontanément, forme un des caractères distinctifs.

Mais, pour que chacun participe à la connaissance acquise, pour qu'elle devienne la possession de tous, il faut qu'elle soit communiquée à l'aide d'un moyen d'autant plus nécessaire, que la connaissance qu'il sert à transmettre est plus nécessaire elle-même. L'enseignement est ce moyen, et l'enseignement, dès lors, partie essentielle de l'institution religieuse, vient se ranger parmi les fonctions du sacerdoce social.

Le droit et le devoir ont également une relation non moins évidente et non moins directe à la société. Ils doivent être aussi enseignés et rappelés sans cesse, car, en tant que vérités-lois, ils appartiennent au dogme, et, supposant dans la pratique une suite continue de rapports effectifs des individus entre eux, ils supposent la société, qui se résout dans ces rapports mêmes.

Toutefois, si l'enseignement qui communique à tous les vérités nécessaires à tous, si le droit et le devoir qui constituent les lois de la vie, sont rigoureusement renfermés dans l'idée de religion, ils se distinguent du culte selon le sens ordinaire du mot. Particulièrement relatif aux actes spéciaux du devoir envers Dieu, le culte public se compose de l'ensemble de ces actes accomplis socialement suivant des règles établies. L'adoration et la prière en forment le fonds principal, parce que tout l'ordre des moyens qui ont pour but direct la sanctification de l'homme, s'y rattache par des liens étroits. Mais la prière et l'adoration impliquant la foi, et conséquemment la connaissance de l'objet de la foi ou le dogme, elles impliquent l'expression, la manifestation du dogme, son incarnation dans des signes qui le rappellent incessamment et soient comme une sorte de profession de foi permanente. De là le symbolisme religieux, qui, parlant à l'esprit par les sens, a deux effets, l'un de se proportionner aux intelligences les plus faibles, l'autre à raison du vague des symboles, de transporter l'âme, au-dessus de la région des idées, dans les espaces indéfinis du mystère, où elle se nourrit du sentiment de l'infini.

La nature même conduit à ces formes extérieures du culte qu'on retrouve partout et partout aussi déterminées par les croyances. Leur origine est celle de l'Art, et l'Art, qui emprunte chez tous les peuples son caractère à la religion se conçoit forcément, dans son essence, sous la même notion que le culte, puisqu'il n'est que le vrai revêtu d'une forme sensible. Embrassez l'Univers d'une seule vue, il sera l'Art divin, *la manifestation de l'invisible par les choses visibles* (1), le symbole de Dieu incarné dans son œuvre.

Nous avons montré ailleurs (2) comment les arts divers nés l'un de l'autre et convergeant tous vers l'Unité suprême de leur terme commun, l'Être infini reproduit sous les conditions du fini, concouraient à réaliser le modèle idéal conçu par la pensée religieuse. Le temple, image du monde, en est le type général dans sa forme architectonique et ses ornemens accessoires.

(1) Saint-Paul.

(2) IIe partie, livres VIII et IX.

Le chant et la poésie, expression plus précise du dogme, s'y mêlent aux rites emblématiques pour compléter l'adoration et la prière. Elles demeurent ce qu'elles étaient lorsque l'individu, renfermé en soi accomplissait solitairement ces actes conservateurs des relations naturelles et nécessaires de l'homme à Dieu. Mais la majesté solennelle de cet ensemble de moyens qui, agissant à la fois sur l'âme en remuent toutes les puissances; mais les communications sympathiques des mêmes pensées, des mêmes sentimens, dans la foule transformée comme en un seul être, exaltant la ferveur de chacun, l'élèvent au-dessus de lui-même à une hauteur où seul il n'atteindrait jamais. Ainsi s'opère le rapprochement, la fusion intime des membres dispersés d'un même corps, ainsi se fonde la société, dont la base véritable est l'autel. Tout ce qui se produit suivant l'ordre, tout ce qui doit durer, a sa racine en Dieu.

Tel est, quant au fonds, le culte social dans ses rapports avec les lois de l'intelligence. Il reste à le considérer dans ses rapports non moins essentiels avec les lois de l'amour; car les lois de l'amour sont les lois de la vie, et vivre c'est l'aspiration universelle des êtres, et en aspirant à la vie tous aspirent à s'unir au Principe de vie, à celui qui est la Vie même, parce qu'il es l'Amour, l'Amour infini, *Deus charitas est*

CHAPITRE VII.

SUITE DU PRÉCÉDENT.

Nous ne traitons point ici des religions particulières, relatives, par ce qui les distingue, à des systèmes de conception tous erronés en quelques points, et en des points souvent très-graves; car il faut traverser l'ignorance et l'erreur pour arriver à la vérité, pour reproduire, à l'aide d'un travail éternel, sous la forme de science, l'objet infini de la foi. Cependant, quelles que soient les erreurs passagères, constamment d'ailleurs opposées entre elles et reconnaissables à cette opposition, on retrouve en toutes les religions, si diverses qu'elles puissent être, un fonds primordial commun, en même temps qu'à l'égard des conceptions qui les caractérisent, on aperçoit clairement un progrès continu, expression du progrès de l'esprit humain même pénétrant peu à peu dans la connaissance des causes nécessaires et de leurs lois. Or, il semble qu'en dehors des systèmes du passé, qui n'ont plus guère d'autre valeur qu'une valeur historique, il soit possible de se faire une idée supérieure à celles jugées aujourd'hui insuffisantes, de cette grande chose appelée Religion, en la considérant, non plus comme d'un ordre au-dessus de la Nature, mais, au contraire, comme la Nature même conçue dans ses lois les plus universelles, dans les conditions premières, absolues de l'existence des êtres. Cette tâche, à laquelle tous doivent concourir, est celle que nous poursuivons suivant la mesure si bornée de nos forces.

L'intelligence n'est pas la vie : la vie c'est l'amour, dont la fonction radicale dans l'Être sous ses deux modes infini et fini, est d'unir la Force à la Forme, et, en outre, dans la Création, d'unir les êtres entre eux en les unissant à Dieu. De là donc, à l'égard de l'homme, ces deux nécessités : Aimer Dieu ou être uni à Dieu, pour participer à la vie de Dieu ; s'aimer les uns les autres, ou être unis les uns aux autres, pour recevoir la vie selon les lois d'après lesquelles Dieu la communique, non par une volonté arbitraire, mais par une conséquence rigoureuse de ses propres lois essentielles. Pour bien entendre ce qui suivra, il est nécessaire d'expliquer ceci, en rappelant brièvement des choses déjà dites.

Tout ce qui est, est de Dieu. Nul être fini qui ne soit une participation limitée de l'Être infini, de sa substance et des propriétés inséparables de sa substance : nul être, dès lors, qui puisse être et continuer d'être sans une perpétuelle effusion de Dieu en lui. Rien ne subsiste que par ce don incessant que fait de soi l'Être qui comprend tout être. Des plus infimes jusqu'aux plus élevées, ses créatures se nourrissent de lui : il est l'aliment universel. Mais, nécessaire à tous les êtres, chaque être ne saurait le recevoir, se le rendre propre, que sous une forme en harmonie avec sa nature. Il faut donc que ces formes se diversifient indéfiniment selon la diversité infinie des natures. Or, liés l'un à l'autre par des relations dépendantes de la forme et qui constituent l'ordre, les êtres tendent l'un vers l'autre en vertu de secrètes affinités qui, les enchaînant de proche en proche, comme les élémens d'un même tout, dans l'unité de la Création, déterminent entre eux soit d'aveugles attractions, soit des appétences instinctives, d'où résulte cette absorption mutuelle et continue sans laquelle

aucun d'eux ne subsisterait. Dieu donc se donne à ses créatures au moyen de ses créatures, et chacune d'elles, soumise à cette loi souveraine, est l'aliment divin spécialement préparé pour des natures spéciales.

Sous cet aspect, l'Univers offre un spectacle dont l'esprit s'effraie, un spectacle de mort et de destruction permanente, celui que présenterait un animal immense se dévorant lui-même dans sa faim perpétuelle, insatiable. Ce fut là ce qui d'abord frappa les premiers hommes, et qui, enveloppant leur pensée d'une certaine horreur ténébreuse, caractérisa l'idée qu'ils se firent de l'origine des choses et de leur état primordial. Pour eux, au commencement, le vide existait seul, et, dans le vide, la faim (1). Ainsi tous les êtres postérieurs, sortis de ce noir abîme du rien, eurent la faim pour mère. Et il est vrai que la créature n'est, par ce qu'elle a de propre, que le vide, le rien, la négation, la limite de l'être, et non l'être ; et il est vrai encore que sitôt qu'elle participe à l'être, elle aspire à continuer d'être, elle a faim de l'être, et ne se conserve et

(1) Recherches historiques sur l'Humanité, par M. le baron d'Eckstein.

ne se développe que par l'apaisement de cette faim dont l'Être infini est le terme final.

Mais si l'Univers, sous une de ses faces, apparaît comme un vaste gouffre où jamais la destruction ne s'arrête, où la mort règne éternellement, voici que soudain tout change. La mort, la destruction, purement apparentes, n'atteignent point l'être véritable, mais seulement sa limite, ce qu'il y a de négatif en lui. La destruction, en réalité, c'est la production, la mort c'est la vie. Lorsque vous la voyez au printemps déborder de toutes parts, lorsque la Nature, prodiguant ses intarissables richesses, épanche ces flots d'êtres dont les germes sommeillaient en son sein, cette vie si féconde qui vous pénètre et vous enivre, et enivre la Création comme un vin versé par Dieu même dans la coupe où il veut qu'elle désaltère son ardente soif d'être, cette vie, qu'est-ce? Le travail de transformation que vous nommiez destruction, mort. Car ces plantes innombrables, splendide vêtement de la terre embaumée de leurs parfums, comment naissent-elles, comment croissent-elles? En dévorant les êtres inférieurs, des gaz divers, des liquides variés, des corps de toute sorte. Et ces myriades d'êtres animés, qui pullulent sous l'herbe, dans les airs, dans les eaux, dans les plaines et dans les forêts, dans les glaciers mêmes et dans les sables embrasés, comment naissent-ils, comment croissent-ils? En dévorant les plantes et se dévorant l'un l'autre. Incarnation d'un type immuable et impérissable, multiplié physiquement en eux au moyen de la limite qui les circonscrit, chacun d'eux dans ce mouvement de la vie, de ce feu générateur, qui, par un même acte, engendre et consume, chacun d'eux n'a perdu que la limite qui l'individualisait en le circonscrivant; le type subsiste, et absorbé en d'autres types dont il est un des élémens, il participe, dans leur unité, à leur forme supérieure. Ainsi la Nature se nourrit de Dieu en se nourrissant d'elle-même; ainsi se conservent les espèces et s'opère le progrès par la formation d'espèces plus parfaites, à mesure que le progrès même leur prépare un aliment approprié ; et l'individu, lui aussi, assujetti par cela seul qu'il est, à ces suprêmes nécessités de toute existence, ne vit que parce qu'il meurt, ne reçoit qu'à la condition de se donner.

Ce don de soi, sous différentes formes selon la diversité des natures, constitue, à l'égard de l'homme, le devoir, identique à la loi universelle de vie. L'individu se doit au tout, l'homme se doit à l'Humanité et à chacun de ses membres ; il doit, en un mot, subordonner, à des degrés divers que détermine l'ordre, le droit ou le principe conservateur de l'individu, au devoir ou au principe conservateur de la société : et loin de s'exclure, ces deux principes, opposés par leur direction, se supposent l'un l'autre et s'accordent dans l'unité de la vie même. Car l'individu que conserve le droit, est le nécessaire élément de la société, qui se compose d'individualités multiples, et la société que conserve le devoir, est le milieu hors duquel aucun individu ne subsisterait. Mais la subordination du droit au devoir implique la prédominance de l'amour supérieur, de l'amour d'autrui qui tend à l'unité en tendant vers Dieu, sur l'amour inférieur, l'amour personnel qui tend, au contraire, à la séparation en concentrant l'être en lui-même. La loi du devoir, la loi de vie, est donc la loi de l'amour, et l'homme étant libre de la violer, elle doit lui être rappelée sans cesse : d'où l'enseignement moral, partie essentielle, comme on le voit, de l'enseignement religieux.

Cependant la simple morale, dont l'objet est de régler les rapports réciproques des hommes, n'offre qu'une application partielle de la Loi de l'amour ou de la vie ; elle n'en est point l'expression complète ; elle en laisse dans l'ombre la source profonde. C'est pourquoi, afin de légitimer ses préceptes, elle doit être rappelée à cette source éternelle, à la Loi qui embrasse, en ce qu'elles ont de fondamental, toutes les conditions de l'existence des êtres créés, au double point de vue de leurs relations mutuelles et de leur relation à Dieu. L'homme en a le sentiment inné, identique à l'instinct de la vie, mais l'idée qu'il peut s'en former, dépendant de la science acquise, a dû en suivre le progrès, et dès lors subir l'influence des inévitables erreurs de l'esprit. Aussi la loi de vie symbolisée dans le culte, s'y manifeste par quelque chose d'universel et de permanent comme l'instinct, et se particularise, chez les peuples divers, par la variété des conceptions vraies ou erronées qu'ils s'en sont faites durant le cours des âges.

Que l'on examine, en effet, tous les cultes, d'ailleurs si dissemblables, qui ont apparu dans le monde depuis l'origine du genre humain, on n'en trouvera pas un dont l'acte principal, intimement uni à l'adoration et à la prière, ne soit le sacrifice, symbole permanent, universel de la

Loi de vie, suggéré par la nature même. Trop souvent, sans doute, le sacrifice a été souillé par des abus énormes, des délires monstrueux, par le meurtre même, le meurtre exécrable de l'homme; mais ce caractère de folie et de crime, il l'empruntait des fausses doctrines qu'enfantaient l'ignorance, la crainte et, quelquefois, la conscience troublée. En soi, dans son essence, il est l'offrande de l'être créé, converti en un aliment divin auquel participent les adorateurs, en signe de leur union mutuelle et de leur union avec Dieu. La victime est sacrée, elle communique la vie, et la vie sort de la destruction, elle s'identifie à la mort qu'elle transforme. Les fruits de la terre et les animaux, ceux-ci pendant les premières phases de l'évolution religieuse, sont la matière du sacrifice, le symbole destiné à rappeler la Loi, qui se symbolise encore, dès les plus anciens temps, chez un grand nombre de peuples, sous la forme d'un breuvage mystique, emblème et gage d'immortalité (1). A mesure que les idées s'épurent, que s'effacent les vestiges de la primitive barbarie, on voit peu à peu disparaître les sacrifices sanglans : mais le sacrifice reste, car point de culte sans sacrifice.

(1) Les libations se rattachent à la même origine.

Il subsiste, modifié seulement par la conception qui l'explique, dans l'Eucharistie des chrétiens. Qu'est-elle, selon le dogme théologique, tel qu'à partir de l'institution vaguement mystérieuse du rite, les siècles l'ont développé? Sous le symbole du pain et du vin, le corps du Christ, de l'Homme-Dieu, qui se fait ainsi l'aliment de ses frères, lesquels, en se nourrissant de lui, du pain devenu son corps, du vin devenu son sang, se nourrissent de Dieu? Dégagez le fond de l'idée de la conception accessoire, que trouvez-vous? Une double expression de la Loi de vie, dans ses rapports spéciaux à l'homme et dans ses rapports à la Création tout entière.

Le don de l'homme à l'homme n'est-il pas, en effet, la Loi de vie de l'Humanité? Est-ce que l'homme ne met pas quelque chose de soi dans tous les produits de son labeur, dans la terre que sa sueur féconde, dans le pain qui nourrit ses frères, dans le vin qui les fortifie? Est-ce qu'en communiquant ses pensées, en donnant son amour, il ne se donne pas lui-même? Est-ce que le devoir n'est pas, à des degrés divers, le sacrifice de soi? Est-ce qu'en des cas nombreux, ce sacrifice ne s'étend pas jusqu'à la vie même? La société est-elle autre chose, dans ses conditions essentielles, que l'enchaînement de ces sacrifices, d'où résulte la conservation de tous et celle de chacun? A ce point de vue, l'Eucharistie, séparée du dogme relatif à un système particulier de conception théologique, exprime donc symboliquement la loi de vie de l'Humanité.

Elle exprime encore la même Loi dans ses rapports avec la Création entière, symbolisée par le pain et le vin substantiellement uns avec Dieu. Dieu n'est-il pas en réalité l'aliment de ses créatures? En se nourrissant les unes les autres, n'est-ce pas de lui qu'elles se nourrissent, et, comme nous l'avons dit, chacune d'elles n'est-elle pas l'aliment divin spécialement préparé pour des natures spéciales? Qu'est-ce donc que la Création, non pas en figure, mais dans la plus stricte rigueur du fait, qu'une grande table de communion, où, à la fois sacrificateurs et victimes, tous se donnent à tous, et, en se donnant, donnent Dieu lui-même, de la seule manière dont il puisse être reçu de tous? Ainsi le sacrifice, expression de la Loi de vie, l'est également de la Vie même identique à l'Amour, au Principe d'union, et par le sacrifice, en effet, le sacrifice universel que symbolise le culte, s'opère l'union des êtres entre eux et leur union à Dieu, union sans cesse croissante, dont le dernier terme, objet de l'éternelle aspiration des êtres créés, serait l'unité parfaite, infinie, dans laquelle l'Univers s'étant, chose impossible, affranchi de la limite ou de la condition du fini, Dieu serait tout et tout serait Dieu.

CHAPITRE VIII.

SUITE DU PRÉCÉDENT.

Tous les actes de culte ayant pour but direct l'union de l'homme à Dieu, et cette union impliquant une perpétuelle effusion de Dieu dans l'homme, tous les actes de culte ont un lien étroit avec ce qu'on nomme la grâce, laquelle n'est que cette effusion même (1). Au-dessus de l'ordre purement physique, la grâce est le don que Dieu fait de soi, en tant qu'intelligence, amour, force, ou, en d'autres termes, son concours nécessaire dans tous les actes qui tendent vers lui, et tendent par cela même à la conservation et au libre développement de l'être intelligent et moral. Ainsi la volonté se maintient dans l'ordre ou dans la direction du Vrai et du Bien, en vertu de

(1) Voyez liv. II, chap. IX.

la lumière dont la source est en Dieu, et de l'amour universel, qui, descendant de lui encore et dominant l'amour de soi, rend possible le sacrifice identique au devoir. Le concours de Dieu aux actes de l'homme, la croyance à ce concours, est donc un des fondemens du culte. La prière le suppose évidemment, et conçoit-on un culte sans prière?

A l'idée de la grâce ou de l'action de Dieu sur ses créatures, correspondent, dans le culte social, certains rites appelés sacremens par la théologie chrétienne, mais qui, quelque nom qu'on leur donne, sont de toutes les religions. Variables dans leur forme indifférente en soi, variables aussi, quant aux effets particuliers qu'on leur attribue, suivant le système dogmatique auquel ils se lient, ces rites offrent cependant un caractère commun : point de peuple qui n'y ait vu un emblème, un moyen de sanctification ou d'union à Dieu. C'est pourquoi, mêlés à la vie entière pour la rappeler à son origine et à sa fin, ils en marquent partout les époques principales.

Mu par le sentiment de la grandeur de sa nature, l'homme a voulu qu'à sa naissance l'enfant, distingué de l'animal, reçût une sorte de consécration qui fût à la fois le signe de son entrée dans la société spirituelle, la société des créatures intelligentes et libres, et comme le sceau de son initiation au sacerdoce du genre humain. Au moment où cet être si débile sort du sein de sa mère, la Religion le prend en ses mains, l'élève vers le Père de tout ce qui est, appelle en lui l'influx divin, le sacre Roi et Prêtre : car c'est là le sens profond du rite, quelque autre idée qu'on y joigne d'ailleurs. Et là même où de sombres théories sur le mal et l'origine du mal ont persuadé aux hommes qu'ils naissaient coupables ou souillés, en effaçant le péché, en lavant la souillure, le sacrement, selon l'idée qu'on se forme de ses effets, guérit l'être infirme, le rétablit dans sa liberté et l'union à Dieu, dans l'état enfin qui constitue et la royauté et le sacerdoce naturel.

Plus tard, lorsqu'à son tour il fondera une nouvelle famille, la Religion viendra l'avertir qu'outre le lien charnel, un autre lien unit les âmes, et que le but de cette union qui achève en deux êtres, incomplets tant qu'ils restent séparés, l'unité humaine, n'est pas seulement de perpétuer l'espèce en transmettant la vie physique, mais aussi, mais surtout de transmettre la vie intellectuelle et morale, de créer des enfans de Dieu, destinés eux-mêmes à créer avec lui, à concourir, dans la sphère des fonctions qui leur sont assignées, au développement de son œuvre. Dépouillé du caractère saint que la Religion lui imprime, le mariage ne diffèrerait guères des fortuites conjonctions des brutes, ou, tout au plus, simple contrat garanti par la loi civile, sans autre règle que la volonté arbitraire des contractans, sans autre force que celle que lui prêterait cette volonté variable, au lieu de représenter l'union intime et naturelle des deux élémens de l'homme complet, il ne représenterait que leur mutuelle indépendance, il serait non pas la fondation, mais la négation de la famille essentiellement une.

Enfin, arrive le terme de cette existence fugitive. Tout ce qui vit meurt, et la mort est une condition, une des faces de la vie. Rien ne serait si les êtres ne se donnaient les uns aux autres, ne se sacrifiaient les uns aux autres, parcourant ainsi un cercle éternel de combinaisons successives, dans lesquelles les essences, les types demeurent immuables et inaltérables. La mort, en chaque être individuel, n'atteint que la limite; mais, en atteignant la limite, elle atteint l'individualité qui a sa cause dans la limite même. Détruisez l'organisme ou le système spécifique de limitation de chaque être, il cesse d'exister individuellement. L'organisme est le type incarné ou réalisé physiquement. Ainsi, l'organisme au moyen duquel le type indivisiblement un passe de l'état idéal à l'état réel ou physique, l'organisme qui le représente dans le monde extérieur, correspond de tout point et nécessairement à la nature de l'être qu'il individualise et qui ne subsiste que par lui. Or, chez les êtres inférieurs à l'homme, chaque nature a des bornes définies qu'elle ne saurait franchir, et qui déterminent celles de l'évolution possible de l'organisme qui l'exprime ; et ces bornes infranchissables, chaque individu les atteint par son propre développement spontané. Pour lui nul progrès ultérieur ; pour lui, dès lors, ce cycle parcouru, nulle raison de continuer d'être, car tout ce qu'il pouvait être, il l'a été déjà, il a, pour parler ainsi, épuisé la mesure d'être et de perfection d'être que sa nature comporte, s'arrêtant là seulement où elle s'arrête elle-même. Complet désormais, achevé en soi, d'autres le remplacent pour perpétuer le type et participer à leur tour au bien que lui-même, revivant en eux, leur a transmis.

L'homme, au contraire, récèle en soi des facultés dont le terme étant l'infini même, sont toujours susceptibles d'un nouveau développement. Sa nature exclut toute limite, en ce sens que pour elle il n'en est point de dernière. A quelque degré de perfection qu'on le suppose parvenu, sa perfection peut croître encore ; il peut connaître plus, aimer plus, disposer d'une puissance plus grande. Sa nature donc implique un progrès continu, indéfini dans le temps et l'espace. La mort ne saurait donc être pour lui ce qu'elle est pour les êtres enserrés dans des bornes fixes : autrement, incapable d'atteindre sa fin, sa nature renfermerait une contradiction radicale.

Cependant l'homme meurt, son organisme se dissout. Oui, sans doute, et en cela il subit une nécessité inhérente à tout organisme. Mais pourquoi l'organisme présent ne serait-il pas une simple phase de l'évolution d'un germe primitif qui, par une suite de transformations correspondantes à l'évolution de la nature humaine elle-même, la représenterait à tous les degrés de son développement indéfini ? La Création n'offre-t-elle pas, parmi les êtres les moins élevés, des exemples nombreux de transformations analogues, où constamment les hommes ont vu, comme par une sorte de révélation instinctive, l'image et l'indice de leur propre transformation (1)? Obligé de reconnaître une disproportion absolue entre un organisme déterminé et une nature indéfiniment progressive, quoi de plus conforme aux lois d'une induction sévère, que de concevoir un enchaînement d'organismes s'engendrant l'un l'autre à mesure que cette nature effectue son progrès, et la représentant aux divers degrés de ce progrès? Cela même n'est qu'une extension de la loi qui préside à l'évolution de tous les organismes, et particulièrement de l'organisme humain. Avant d'être ce qu'il doit devenir, il traverse les états inférieurs, il revêt tous les caractères qui spécifient les différentes classes des êtres animés, depuis le mollusque jusqu'au mammifère. Une simple vésicule, voilà son point de départ; il avance en se perfectionnant par une progression continue.

Mais, dira-t-on, la mort paraît rompre cette

(1) Noi siam vermi
Nati a formar l'angelica farfalla.
DANTE.

continuité. Nous n'avons ni la connaissance ni le sentiment de ce qui la suit, de l'état supposé où l'homme entre alors.

Il est vrai, et déjà, sous la forme de son existence première, il a présenté un phénomène semblable. Figurez-vous, en effet, l'embryon dans le sein de la mère, vivant de sa vie, comme le rameau de la vie de la plante, replié sur lui-même, presque sans mouvement, muet, sourd, aveugle, pour unique sens un tact obtus. Qu'est-ce que cet être enseveli dans sa solitude ténébreuse? Est-ce là l'homme? Oui, c'est l'homme, mais l'homme en puissance, le germe de l'homme futur commençant son évolution. Or, que, par hypothèse, cet homme initial, doué de pensée, pût s'interroger lui-même sur ce qu'il est et ce qu'il doit devenir, que se répondrait-il? Que trouverait-il en soi? Il y trouverait d'abord une vague aspiration à quelque chose qu'il ne possède pas, à un bien qu'il ignore et pour lequel il se sent fait, à une plus grande perfection d'être. Mais cette perfection, mais ce bien, il ne saurait s'en former d'idée, incapable en cet état de connaître celui qui plus tard sera le sien. Il est et veut être, et dilater son être, voilà ce qu'il sait, rien de plus, et la conservation de cet être étant attachée à certaines conditions organiques actuellement nécessaires, la destruction de ces conditions se confondrait pour lui avec celle de son être même. Cependant, le moment arrive où elles sont détruites en effet. De vives douleurs saisissent la mère et, selon toutes les vraisemblances, retentissent dans son fruit. Les liens qui l'unissaient à elle se rompent, et ces liens étaient ceux de la vie. Il respirait par elle, se nourrissait par elle, recevait d'elle à chaque instant ce qu'à chaque instant nécessitait son existence. Expulsé du milieu où sa croissance s'était effectuée, hors duquel il eût été impossible qu'il subsistât, qu'éprouverait-il? Que serait à ses yeux, dans l'invincible sentiment qu'il en aurait, cette crise formidable? La mort avec tous ses effrois. Et en réalité, c'est la vie qui brise son enveloppe, c'est la sortie de l'obscure prison où l'homme véritable était enfermé, c'est sa glorieuse entrée dans l'Univers, dont il va contempler, au moyen de ses sens qui s'ouvrent, l'éclatant spectacle et les divines magnificences; c'est son entrée plus glorieuse encore dans les sublimes régions de l'intelligence et de l'amour, c'est enfin, sur le rivage où il avait cru naufrager, la prise de possession d'un monde nouveau, de ce vague bien auquel il aspirait sans le connaître.

Quand se termine cette seconde phase du développement indéfini de l'homme, le même phénomène se renouvelle. Le progrès possible à l'individu sous sa forme organique actuelle étant accompli, il rend à la masse élémentaire cet organisme usé, il en revêt un autre plus parfait, et mourir c'est naître. Tous cependant ne renaissent pas dans les même conditions. Ceux qui, abusant de la liberté pour violer leurs lois, ont porté le désordre en eux-mêmes, subissent nécessairement les conséquences de ce désordre, de cette maladie volontaire. La conscience douloureuse qu'ils en ont, car la douleur n'est que la conscience d'un désordre interne, est encore un bienfait divin, puisqu'elle excite en eux le désir de la guérison. Ils étaient tombés, ils se relèvent, et, rentrés dans l'ordre, ils poursuivent leur éternelle évolution.

Quoi qu'il en soit, au reste, du moyen par lequel s'opère la transformation de l'homme, quel que soit le mode de l'existence qui succède pour lui à l'existence présente, il n'est point de foi plus universelle, plus profonde, plus indestructible, que celle à la persistance ininterrompue de l'être, à la perpétuité de la vie.

Cette foi spontanée, antérieure à tout raisonnement, à tout système conçu par l'esprit, repose sur un pressentiment qui est dans l'homme la voix de sa nature même. De là, partout aussi, l'intervention du culte à l'imposante époque de cette renaissance mystérieuse. Sur les débris inertes qu'abandonne en s'élevant l'être véritable, la religion proclame le dogme du genre humain, le dogme de vie, de la vie cachée dans le sacrement de la mort. Et quelque variété qu'ils puissent présenter d'ailleurs, suivant celle des systèmes dogmatiques, ce devrait être là le caractère dominant des rits funéraires. Tout appareil lugubre, tout ce qui tend à exciter l'aveugle frayeur du trépas, à l'environner d'une tristesse sombre, en devrait être soigneusement banni ; les obsèques, en un mot, tendre et pieuse expression du lien qui enchaîne les générations successives, devraient être, plus que toute autre solennité, la fête de la vie.

L'éclat, la pompe des cérémonies, pourvu qu'on n'y voie que de simples emblèmes des vérités-lois que symbolise le culte, servent merveilleusement à réveiller au fond des âmes la pensée de ces grandes lois dont tant d'autres pensées distraient les hommes, et à faire naître en eux les sentimens propres à rendre cette pensée efficace. Tel est le but supérieur de l'Art. Harmonie des deux mondes, du monde de l'esprit et du monde des sens, il incarne l'idée dans ses œuvres, il attache à l'être que l'organisme appesantissait, les ailes puissantes à l'aide desquelles il monte vers Dieu.

Au culte social se rapportent encore certaines règles disciplinaires dont l'objet est d'habituer l'homme à dominer le corps et ses convoitises, à combattre ainsi dans leur origine les causes qui tendent incessamment à affaiblir la liberté; car la liberté c'est l'empire de l'esprit sur la chair, sur ce que l'homme a de commun avec la brute fatalement esclave de ses appétits. La force de les maîtriser fait la grandeur de l'être moral, et cette force ne se conserve, ne se développe qu'en l'exerçant. Il est donc utile que la religion institue à cet égard une discipline qui, en dehors du devoir strict, impose celui de maintenir par des pratiques, même indifférentes en soi, le règne de l'esprit, de plier le corps à l'obéissance, afin d'empêcher qu'il devienne pour l'homme un obstacle à l'accomplissement de ses hautes fonctions.

Les lois que nous avons exposées, dérivant de

l'essence de l'Être sous ses deux modes infini et fini, se retrouvent nécessairement au fond de tous les systèmes religieux, même les plus imparfaits. Pure manifestation du sentiment inné dans ce qu'ils ont de commun, l'erreur y découle de deux sources : de l'ignorance, inévitable originairement et qui subsiste toujours à quelque degré ; des suggestions aveugles des instincts inférieurs, des convoitises désordonnées et des terreurs superstitieuses. De là ces multitudes d'égaremens déplorables dont l'histoire offre le triste tableau, ces doctrines tour à tour stupides et monstrueuses, ces cultes atroces ou dissolus, honte et fléau de l'humanité. En cherchant la raison de la loi constitutive du droit et du devoir, l'esprit, qu'il le conçût ou non, se posait le grand problème, le problème éternel de Dieu et de l'Univers. Comment l'eût-il résolu d'abord? Avant que la science fut née, qu'elle eût accompli une certaine phase de son évolution, et pût ainsi fournir le moyen de vérifier les solutions spéculatives, elles ne pouvaient être qu'arbitraires ; d'où la nécessité de les imposer en vertu d'une autorité autre que la raison et supérieure à la raison. On supposa donc qu'elles émanaient immédiatement de Dieu même. Des hommes, crus inspirés, se donnèrent et furent acceptés comme les organes de cette révélation surnaturelle, forcément liée à tout un ordre de causes et de lois également surnaturelles. Les conséquences, on les connaît : dans la sphère de l'intelligence, l'asservissement de l'esprit, la destruction de la liberté ; dans la sphère politique, la théocratie, le commandement immédiat de Dieu, et conséquemment encore l'asservissement de l'homme social, la destruction de la liberté. Il est temps que l'esprit, il est temps que l'homme, déjà partiellement affranchi, achève de briser ces vieux liens, repousse complétement, repousse à jamais cette hypothèse aussi fausse que funeste d'un ordre surnaturel, et, pour ainsi parler, rentre en Dieu en rentrant dans la Nature, son temple véritable. Tel est le caractère, la tendance visible de ce mouvement extraordinaire qui agite aujourd'hui les peuples et qui renouvellera le monde. Tout s'y prépare pour l'enfantement d'une grande unité, dont le lien chaque jour plus étroit, plus fort, sera la Religion dégagée des vaines opinions qui divisent, la Religion ramenée à sa pure essence.

CHAPITRE IX.

DE LA FIN DE L'HOMME.

Si les êtres ont des lois, ils ont aussi une fin, et relatives à cette fin, les lois ne sont que les moyens de l'atteindre. Ainsi les lois physiologiques représentent, à l'égard des êtres organisés, l'ensemble des moyens par lesquels chacun d'eux se conserve et se développe, ou atteint sa fin dans ses rapports avec l'organisme. Pareillement, les lois spirituelles représentent l'ensemble des moyens par lesquels les êtres intelligens et libres se conservent et se développent, ou atteignent leur fin dans ses rapports avec leur nature supérieure. Mais, outre ces fins particulières dont chaque être est lui-même le terme, tous doivent avoir une fin générale extérieure à eux, sans quoi leur existence n'aurait aucune raison.

Elle n'a pas son principe en soi : ils sont parce que Dieu a voulu qu'ils fussent, et en voulant qu'ils fussent, il s'est nécessairement proposé un but, lequel est la fin générale, dernière et absolue de tous les êtres, qui n'ont pu être créés qu'en vue d'elle.

Dans tous les temps, l'homme s'est demandé quelle était pour lui cette fin dernière, et trouvant en soi l'invincible désir d'un bien sans limites, il a cru que la possession de ce bien était la fin suprême de son être. Cette opinion offre un mélange d'erreur et de vérité, d'une vérité très-importante, la tendance naturelle vers Dieu, et d'une erreur très-dangereuse parce qu'elle donne à la morale une fausse sanction.

Et d'abord, est-il vrai que le bonheur soit la fin de l'homme, qu'il soit destiné à cet état de béatitude parfaite, qui serait la pleine satisfaction de ses désirs infinis? Un pareil état est-il possible? Peut-il être conçu comme tel? On l'a essayé bien des fois : chez les anciens et depuis, que de systèmes, que d'opinions diverses sur *le souverain bien!* A quoi ont abouti ces opiniâtres tentatives? Qu'ont-elles produit? Qu'en reste-il? Rien. Ecoutez cette plainte qui se prolonge à travers les âges, c'est la voix des générations, la voix de l'homme. Toujours en travail, toujours déçu, semblable, suivant la forte expression de Malebranche, à un aveugle qui cherche un trésor dans des ruines, il a remué vainement tout le fond de la vie présente. Mais peut-être que s'il en pouvait changer les conditions, ses efforts seraient moins stériles. Eh bien! faites-en l'épreuve. Votre nature subsistant, supposez-vous investi soudain d'une puissance illimitée. A l'aide de cette puissance, rassemblez en vous et autour de vous ce que l'imagination, dans ses rêves les plus fantastiques, peut se représenter de propre à combler le vide dont le sentiment vous est si amer. De tous ces biens accumulés composez-vous un état stable. Sera-ce le bonheur cherché? Ce n'en sera pas même l'ombre (1). La seule idée d'une persistance immuable dans cet état sans rien attendre au-delà, sans l'espérance de quel-

(1) Il me semble, entre autres témoignages de nostre imbécillité, que celuy-ci ne mérite pas d'estre oublié, que par desir mesme, l'homme ne sçache trouver ce qu'il luy faut : que non par jouyssance, mais par imagination et par souhait nous ne puissions estre d'accord de ce de quoi nous avons besoin pour nous contenter. Laissons à nostre pensée tailler et coudre à son plaisir : elle ne pourra pas seulement désirer ce qui luy est propre, et se satisfaire. (Montaigne, liv. II, chap. XII.)

que autre bien vaguement pressenti, entrevu vaguement dans de lointaines perspectives, vous effraiera comme une vision de l'enfer. C'est pourquoi, renonçant à cette vaine fiction de bonheur terrestre, on l'a transporté en une autre vie, où cette dernière fin de l'homme doit, dit-on, être atteinte. Mais, là encore, pour peu qu'elle y regarde sérieusement, la raison retrouve l'impossible. En déplaçant le problème, on ne l'a pas résolu, car il renferme une contradiction radicale, la contradiction inhérente à l'hypothèse d'une nature finie possédant un bien infini, l'embrassant, se l'assimilant selon tout ce qu'il est. Eternellement l'homme y aspire, éternellement il fuit devant lui. Une impulsion native, invincible, le contraint de poursuivre sans relâche ce que jamais il n'atteindra.

Le sentiment de cette impuissance a enfanté une sorte de doctrine désespérée (1), qui, depuis près de trois mille ans, règne sur un tiers du genre humain. Reconnaissant que le souverain Bien était, quant à l'homme, une chimère, des esprits se sont rencontrés qui, pour échapper

(1) Le bouddhisme.

au tourment d'un désir irréalisable, ont substitué à cette notion une idée négative. Ils ont, chose étrange, identifié le Bien suprême au non-être ; et l'anéantissement absolu, proposé aux hommes comme la récompense d'une suite indéfinie de sacrifices et de rudes travaux, s'est trouvé un prix suffisant à leurs yeux de ces travaux et de ces sacrifices. Ainsi la doctrine qui fait du bonheur la fin dernière de l'homme a conduit une nombreuse portion de l'Humanité à cette effrayante conclusion, que le bonheur est de ne pas être, qu'à l'égard de l'être fini, le souverain Bien c'est le néant.

D'autres religions l'ont placé dans l'éternelle contemplation et l'amour éternel de Dieu, objet de la vision immédiate, intime des élus, et dans la quiétude parfaite qui naît de cet éternel amour et de cette contemplation éternelle. Mais que devient dans ce système la puissance d'action? A quoi s'applique-t-elle? Absorbé complètement dans la vision de l'Être infini, l'être supposé n'aurait désormais aucuns rapports avec la Création. Indépendant d'elle, séparé d'elle, il n'y exercerait aucune fonction. L'Univers pour lui cesserait d'être; il vivrait uniquement en Dieu. Conçoit-on cet isolement au sein des choses, cette rupture des liens destinés à unir les êtres, cette mutilation de l'homme dans un des élémens principaux de sa nature, l'énergie d'où procède l'action, et que tout cela ensemble constitue le bonheur auquel il aspire, que la destruction des lois de la vie soit la vie suprême?

Et remarquez la conséquence de cette béatitude solitaire présentée à l'homme comme son but final, et conséquemment comme la raison, la sanction des devoirs que l'ordre lui impose. Ce but n'ayant de relation qu'à lui, la raison du devoir serait la négation de l'idée même du devoir, qui est le sacrifice de soi à autrui. L'amour individuel, opposé par sa direction à l'amour social, deviendrait la règle souveraine des actes humains. Chacun tendrait vers soi et uniquement vers soi en vertu des lois nécessaires qui déterminent la fin des êtres. L'égoïsme absolu ne serait pas seulement compatible avec la loi morale, il serait cette loi même dans son principe générateur et dans son dernier terme.

Nous savons bien que ces conséquences sont modifiées dans la pratique par le sentiment inné du devoir réel, dont l'enseignement aussi conserve la notion et prescrit l'exercice. Mais la contradiction radicale entre cette partie de l'enseignement et celle qui se rapporte à la dernière fin de l'homme, n'en subsiste pas moins ; il n'est pas moins vrai que *l'unique affaire* de chacun, comme on s'exprime, étant d'accomplir individuellement son propre salut, chacun dès lors est lui-même sa fin. Toutes les règles, tous les conseils sur lesquels la théologie mystique fonde la perfection de la vie religieuse, se réduisent en effet à ce point : se séparer des créatures, en détacher sa pensée, son cœur, pour se plonger en Dieu et goûter dans sa possession la félicité infinie dont tout amour inférieur éloigne. De là *la sainte indifférence*, ainsi qu'on l'appelle, le renoncement à la famille et à la société, la fuite du monde, la solitude au moins intérieure, et, dans l'oubli absolu, s'il était possible, des choses de la terre et du temps, la destruction absolue aussi des liens naturels. Or, qu'est-ce que cela, sinon l'égoïsme, l'état d'un être qui, volontairement isolé des autres, cherche en Dieu, non pas Dieu, mais soi, mais le rassasiement d'un désir dont lui-même est le terme (1) ? D'une part donc

(1) Ramenée à son expression la plus simple, toute cette doctrine sur la fin de l'homme peut se résumer dans cette formule : Moi et Dieu, et Dieu pour moi.

cette doctrine sape la base du devoir, et de l'autre elle conduit, comme l'expérience ne l'a que trop montré, à un quiétisme voisin de l'anéantissement des bouddhistes. Évidemment la vérité, inséparable de la vie, n'est pas là.

Cependant il importe souverainement à l'homme de connaître sa fin, de savoir pourquoi il est, quelle est la raison de son existence. A quoi, sans cela, lui servirait le reste? Eût-il résolu tous les autres problèmes, que lui en reviendrait-il, s'il demeurait lui-même pour soi un problème insoluble? Or, il nous semble que les principes exposés dans cet ouvrage peuvent répandre au moins quelque lumière sur cette grave question. Elle ne nous paraît même offrir, ces principes admis, aucune difficulté, aucune obscurité réelle, pourvu qu'on en écarte le mystère ici-bas impénétrable relatif au mode de notre existence future.

Liés entre eux de telle sorte qu'on ne les saurait concevoir affranchis de ce lien d'une mutuelle dépendance, les êtres ont nécessairement une fin commune, et cette fin dès lors ne peut être que celle de la Création. Or, la Création c'est Dieu se reproduisant lui-même par un développement éternel, sous les conditions du fini. Tous les êtres donc tendent vers Dieu comme la Création, qui n'est que l'ensemble des êtres mêmes. Chacun d'eux dans ce vaste tout contribue à son évolution; c'est par eux qu'elle s'opère, par eux que Dieu crée. Instrumens et produit de l'action divine, ils remplissent une fonction générale quant au but, spéciale quant aux moyens, selon la diversité des natures, et cette fonction, raison de leur être, en détermine la fin qui est de créer avec Dieu, de concourir à l'accomplissement de son œuvre. Ce concours est le mode nécessaire de l'action de Dieu hors de lui, car l'action des causes immédiates n'est que la détermination de la Cause universelle dans ses rapports à la production de certains effets déterminés eux-mêmes ou spécifiquement limités.

Telle est la fin générale des êtres, et conséquemment la fin de l'homme. Seulement ses fonctions plus étendues sont aussi plus élevées. Il concourt avec eux et comme eux au développement de l'œuvre de Dieu, et comme eux encore il y concourt selon les lois de sa nature, ou selon les lois de son propre développement, de sorte que pour lui se conserver et se développer, c'est coopérer à l'action divine conservant l'Univers et le développant par une création éternelle. Les êtres inférieurs remplissent, chacun dans sa sphère, la même fonction ; mais ils la remplissent fatalement sous l'impulsion aveugle d'une force nécessitante. Ils ne connaissent ni les lois du tout, ni leurs propres lois. L'homme, au contraire, connaît les siennes et il y obéit librement, et de sa liberté, du pouvoir d'obéir à la loi ou de la violer, naît le devoir moral, identique dans sa source aux conditions universelles de l'existence.

Mais, ainsi qu'on l'a vu, la Création n'étant que la réalisation extérieure à Dieu d'un type idéal qui est Dieu même, Dieu est le terme de la Création, et la Création a vers Dieu une tendance nécessaire. L'homme donc, partie de la Création, tend vers Dieu, aspire à Dieu par une nécessité intrinsèque de son être ; et en aspirant à Dieu, il aspire au Bien infini dont la pleine possession serait cette béatitude parfaite, absolue, toujours par lui si vainement cherchée : car il n'est capable de rien d'infini ; il peut, il doit de plus en plus pénétrer dans le Bien, mais jamais il ne le possédera complétement, sans quoi, identifié à ce souverain Bien, il serait Dieu, puisque le Bien c'est l'Être. D'où cette conséquence, que le développement de l'être est le développement du Bien; qu'ainsi l'homme, en se développant, participe, dans la mesure de son développement même, au Bien ou à l'Être infini, à sa béatitude interne ou à la conscience qu'il a de soi. Et comme il ne peut se développer que par l'obéissance à ses lois, plus l'obéissance est parfaite, ou plus il remplit parfaitement sa fonction, plus le Bien dont il jouit est grand. Ce Bien n'est pas sa fin dernière, car il serait lui-même sa fin, mais l'effet nécessaire de sa fidélité à tendre vers sa fin, ou de l'accomplissement du devoir, inséparable dès lors de ce qu'on appelle bonheur, de la satisfaction progressive de cette faim d'être, qui ne s'apaise qu'en communiant de Dieu. Et cette communion sera éternelle; éternellement l'homme se développera, dilatera son être, aspirant à le dilater toujours plus, à participer toujours plus à l'intelligence, à l'amour, à la puissance divine, à se nourrir plus abondamment de Dieu tout entier. Éternellement aussi le devoir subsistera, éternellement l'homme, associé à l'éternel travail de la Puissance créatrice, continuera de concourir à l'évolution de l'œuvre de Dieu, exercera sa fonction de créer avec Dieu, dans une sphère destinée elle-même à s'élargir éternellement. Voilà sa vraie grandeur, sa vraie béatitude, la raison, la fin de son être, qui autrement demeure une énigme incompréhensible, un douloureux mystère, un abîme de contradictions. Qu'il se repose donc dans cette pensée, qu'uni à Dieu, vivant de Dieu, coopérant à l'action de Dieu, Dieu, qui sans cesse se donne à lui, l'aime comme quelque chose de lui-même. Durant cette phase de son existence, qu'a-t-il besoin d'en savoir plus? Assuré de l'amour de Celui qui peut tout, que lui manque-t-il pour suivre en paix la route que lui trace sur la terre le souverain Auteur des choses, le Père qui est dans les cieux?

CHAPITRE X.

CONCLUSION.

Nous avons essayé d'expliquer clairement ce que c'est que la Religion, à quelle idée précise correspond ce mot qui tient tant de place dans le langage humain, et une place si vague. Car, que ne désigne-t-on point sous ce nom? Chacun n'a-t-il pas sa religion? Et qui pourrait énumérer ces religions diverses qui se sont produites dans le cours des siècles, ou qui subsistent encore aujourd'hui simultanément? Toutefois le plus grand obstacle qui empêche de se former une juste notion de ce que la Religion est en soi, est moins l'opposition que l'on remarque entre les différentes religions, lesquelles, se taxant mutuellement de fausseté, se condamnent, se repoussent mutuellement, qu'un certain préjugé aveugle, dont les esprits même dégagés de tout dogmatisme exclusif ne laissent pas d'être imbus, à savoir, que la Religion, qu'il en existe une vraie, ou qu'elles soient toutes au fond également erronées, doit nécessairement être conçue comme quelque chose d'un ordre à part, sans liaison directe avec les lois universelles du monde, tandis qu'en réalité elle n'est que ces lois mêmes.

La Religion, en effet, dans sa généralité absolue, peut être définie le lien des êtres créés avec Dieu et de ces êtres entre eux. Et puisque rien ne subsiste qu'en vertu de ce lien réciproque, qu'aucun être ne serait s'il n'était uni au Principe de l'être, qu'aucun être encore ne saurait exister isolément ou ne serait s'il n'était uni aux autres êtres, il s'ensuit que la Religion est l'ensemble des lois nécessaires de la Création, ou des conditions de toute existence.

Dans ses rapports spéciaux à l'homme, elle n'est dès lors non plus que l'union de l'homme avec Dieu et des hommes entre eux, union naturelle, puisqu'elle dérive de la nature de Dieu et de la nature de l'homme, et qu'elle a sa raison dans les nécessités mêmes de l'être. Nous avons montré comment s'accomplit cette double union, par quels moyens elle se conserve, s'accroît, se perfectionne, suivant dans son progrès l'évolution indéfinie de l'homme. Ces moyens constituent la Loi de vie, identique au droit et au devoir; et le droit et le devoir, fondement de la vie, le sont aussi de la société qui n'est que l'union des êtres. Ainsi la société a sa racine dans la Religion, et la Religion renferme tout ce qui peut être conçu sous la notion de société. La vraie société donc est la société religieuse, l'immuable, l'éternelle société des esprits, indépendante du temps, parce qu'au-dessus de tout ce qui varie, elle se distingue des choses passagères et changeantes par un caractère absolu. Cependant l'homme étant, comme tous les êtres créés, assujetti au temps, les conditions de sa vie sont elles-mêmes soumises aux conditions du temps, aux conditions nécessaires du fini que représente l'organisme. De là, non pas sans doute une nouvelle société, mais des lois secondaires de la société relatives à son organisme; de là, en un mot, ce qu'on a nommé la société temporelle, expression des formes que revêt dans le temps la société spirituelle, ou la vraie, l'immuable, l'éternelle société.

On voit tout d'abord qu'il existe pour la société temporelle un type de perfection correspondant à la société spirituelle parfaite, et que ce type idéal ne saurait jamais être pleinement réalisé, puisqu'il implique l'infini comme terme de son évolution, et qu'en outre le progrès de l'homme, d'où dépend le progrès social, s'accomplit par une suite de transformations inconnues de lui, quant à leur nature, pendant la durée de son existence terrestre.

Dans les limites de cette existence, à chacune de ses phases qui marquent le mouvement historique de l'Humanité, le travail de celle-ci est d'organiser le droit et le devoir, d'en aider l'action par les institutions et les lois, de les y incarner, autant que le permet le progrès accompli déjà. Sur quoi il faut remarquer deux choses, la nécessité du type idéal sans lequel le travail n'aurait aucun but, toute perfection relative supposant une perfection absolue; et l'impossibilité d'une parfaite réalisation de ce type sous les conditions d'un état qui, n'admettant rien d'absolu, n'admet rien de parfait. Et encore ici on retrouve, dans l'une de ses conséquences, la grande loi de la Création gravitant vers Dieu et s'en approchant par un développement éternel, comme éternellement la courbe s'approche de son asymptote qu'elle n'atteint jamais.

D'innombrables questions se rattachent à cet important problème de l'organisation du droit et du devoir ou de l'organisation sociale. Elles forment le sujet de plusieurs sciences particulières, assez vastes chacune pour occuper une vie entière. Notre dessein ne peut donc être de les embrasser toutes, ni même de traiter des principales avec l'étendue qu'exigerait un ouvrage spécial. Fidèles à notre plan, nous nous bornerons à les considérer dans leurs rapports avec les lois universelles, dont la société qu'elles expliquent doit fournir, si nous ne nous trompons, une confirmation nouvelle.

MÉLANGES POLITIQUES.

—

I.

DE LA SÉPARATION DE L'ÉGLISE ET DE L'ÉTAT.

On l'a dit bien des fois, sans des croyances communes d'où dérivent des devoirs communs, nulle société stable, et même nulle société possible; car il n'existe de vraie société qu'entre les êtres intelligents, et si les intérêts peuvent momentanément rapprocher les hommes, le nœud qui les unit doit, pour employer cette expression de Pascal, prendre *ses plis et replis* dans quelque chose de bien autrement profond, dans ce que leur nature recèle à la fois de plus intime et de plus noble. Ce lien des esprits, cette loi qui, en réglant les pensées et les volontés, ramène l'individu à l'unité sociale, est ce que tous les peuples appellent religion ; et tous les peuples aussi ont vu dans la religion le premier fondement, la condition essentielle de toute société ; et celle dont l'objet propre est de régler les rapports politiques et civils ou les rapports extérieurs entre les hommes, n'est que l'extension, le complément de la société primitive des esprits.

Naturellement la société religieuse et civile, l'Église et l'État sont donc inséparables ; ils doivent être unis comme l'âme et le corps : voilà l'ordre. Mais il peut arriver que, les croyances se divisant, il se forme dans le même État, en quelque manière, plusieurs sociétés spirituelles, et dès lors l'État ne pouvant s'identifier avec l'une sans rompre avec les autres et les traiter en ennemies, il s'ensuit d'abord que chacune d'elles tendant, pour ainsi dire, à se constituer extérieurement ou à faire dans l'État un autre État, la guerre de croyances ou d'opinions devient une guerre politique et civile permanente ; et, en second lieu, que chaque opinion ou chaque croyance prévalant tour à tour, elles finissent par être toutes opprimées successivement. La force remplaçant la discussion, au lieu de s'éclairer on s'irrite; les passions s'exaltent; on ne s'écoute même plus; l'anarchie devient interminable.

Le remède, l'unique remède à un mal si grand, est de laisser cette guerre spirituelle se poursuivre et se terminer par des armes purement spirituelles. La vérité est toute-puissante. Ce qui retarde le plus son triomphe, c'est l'appui que la force matérielle essaye de lui prêter; c'est l'apparence même de la contrainte dans le domaine essentiellement libre de la conscience et de la raison; c'est la violence brutale qui viole et profane le sanctuaire de l'âme où Dieu seul a le droit de pénétrer. Nul ne doit compte de sa foi au pouvoir humain, et la maxime contraire, directement opposée au catholicisme dont elle ruine la base, n'a jamais produit, toutes les fois qu'on l'a vue apparaître dans le monde, que de sanglantes divisions, des calamités et des crimes sans nombre; elle a évoqué des enfers les duc d'Albe et les Henri VIII.

Nous croyons fermement que le développement des lumières modernes ramènera un jour, non seulement la France, mais l'Europe entière, à l'unité catholique, qui, plus tard et par un progrès successif, attirant à elle le reste du genre humain, le constituera par une même foi dans une même société spirituelle : *Et fiet unum ovile et unus pastor.* Mais, par les motifs exposés plus haut, nous croyons en même temps que la religion doit être aujourd'hui totalement séparée de l'État et le prêtre de la politique ; que le catholicisme, partout en butte à la défiance des peuples et trop souvent à la persécution des gouvernements, s'affaiblirait toujours davantage s'il ne se hâtait de secouer le joug de leur pesante protection, et qu'il ne peut revivre que par la liberté. Dans la position fausse où le placent ses rapports avec le pouvoir temporel, il se présente aux hommes sous une apparence humaine qui les aliène de lui, tandis qu'entravé, chargé de mille liens qui le privent de son mouvement propre, il languit en lui-même, affaissé sous le poids d'une servitude abjecte. Le moment est venu pour lui de se dégager de ses fers. On l'avait peu à peu comme emprisonné dans l'État ; et voilà que Dieu même, préparant son affranchissement par des voies merveilleuses dont le secret ne saurait être encore bien compris, frappe à coups redoublés et brise les portes du cachot où l'Église gémissait depuis des siècles : car, n'en doutez pas, tout ce que nous voyons a, dans les desseins d'en haut, pour but principal de lui rendre, avec son indépendance, l'action qu'elle a perdue, et qui sauvera le monde.

L'instinct des peuples, dirigé peut-être par un obscur pressentiment de l'avenir que la Providence leur destine, demande cette totale séparation de l'Église et de l'État, séparation voulue par la nouvelle Loi fondamentale, et qu'implique le principe consacré solennellement de la liberté de conscience; séparation enfin qui seule peut tirer l'Église et l'État d'une position également violente, également funeste pour l'une et pour l'autre.

Et pour parler d'abord de l'État, dans quels rapports le gouvernement peut-il se placer à l'égard de l'Église? Évidemment il faut ou qu'il la protége, ou qu'il l'opprime : nul milieu.

S'il la protége, à l'instant même il suscite contre soi une opposition semblable à celle qui a contribué si puissamment à renverser l'ancien pouvoir. Les mêmes reproches lui seront adressés, il sera en butte aux mêmes attaques. Obligé d'expliquer ses actes, de les justifier continuellement, on n'en croira pas ses protestations, ou l'on feindra de ne les pas croire. L'opinion montera comme les flots de la mer, et balayera les faibles digues qu'il essayera de lui opposer.

Effrayé de ce danger certain, opprimera-t-il l'Église? Nul pouvoir aujourd'hui n'est assez fort pour l'essayer avec succès. Une tentative pareille soulèverait à la fois et l'immense corps des catholiques, et tous ceux qui, sans l'être, veulent sincèrement la liberté. Le temps de la violence n'est plus; il y a des droits qu'on ne saurait désormais attaquer impunément : quiconque essayera de les ébranler se brisera contre eux. Certes, il ferait beau voir un gouvernement, à l'époque où nous sommes, sous l'empire des maximes et des lois qui nous régissent, venir s'interposer entre Dieu et la conscience d'un seul Français!

Que si, dans sa conduite bassement contradictoire, il se montre, ainsi qu'on le faisait naguère, tour à toir hostile et bienveillant; s'il frappe et caresse selon ses craintes, oscillant, si l'on peut le dire, comme le pendule de la lâcheté, entre la protection de la veille et la persécution du lendemain, quel fruit recueillera-t-il de ces vacillations odieuses, sinon la haine et le mépris universel?

Considérons, d'une autre part, quel serait, dans les circonstances présentes, circonstances qui ne changeront de longtemps, la situation de l'Église, supposé qu'elle conservât ses liens avec l'État.

Le passé, à cet égard, nous instruit de l'avenir. Dépendante du pouvoir, si elle se résigne à subir sa domination, si elle cède à ses influences, obéit à ses ordres ou est seulement soupçonnée d'y obéir, toute opposition politique deviendra une opposition religieuse; on reverra ce qu'on a vu : le prêtre, avili dans l'opinion, perpétuel objet de la défiance et de l'animosité des partis, sera représenté comme l'instrument vénal de l'administration, comme le fauteur du despotisme et l'appui naturel de la tyrannie; on l'accusera de servilité, d'intrigue, d'avarice, d'ambition mondaine. Osera-t-il, au contraire, résister au pouvoir et à ses injonctions, même lorsque sa conscience l'y obligera le plus étroitement, lorsque les maximes de l'Évangile et les canons de l'Église lui en feront un devoir rigoureux; entendez ces voix qui s'élèvent et appellent à grands cris l'animadversion publique et les violences de l'autorité sur le rebelle, le fanatique, l'homme de trouble et de désordre qui refuse de se soumettre aux lois.

Entre ces deux alternatives également dangereuses, que fera l'Église? Quelle sécurité peut-elle se promettre? Où trouvera-t-elle un quart d'heure de repos? Comment subsistera-t-elle?

Et ce n'est pas tout. Voyez les suites inévitables de son asservissement; calculez, s'il est possible, les conséquences futures de la prolongation d'un état qui en a déjà produit de si funestes : la religion administrée comme les douanes et l'octroi, le sacerdoce dégradé, la discipline ruinée, l'enseignement opprimé, l'Église, en un mot, privée de son indépendance nécessaire, communiquant chaque jour plus difficilement avec son chef, et chaque jour aussi plus durement soumise aux caprices du pouvoir temporel, façonnée par lui à tous les usages, recevant tout de lui, ses pasteurs, ses lois, sa doctrine même. Qu'est-ce que cela, si ce n'est la mort?

Catholiques, comprenons-le bien, nous avons à sauver notre foi, et nous la sauverons par la liberté. On nous l'a promise; demandons hautement, demandons sans relâche l'exécution de cette promesse : elle constitue notre droit, et ce droit est sacré, et nul ne nous le ravira, si nous le réclamons, si nous le défendons avec courage et persévérance. Désormais l'État ne doit être pour rien dans le choix des évêques et des curés; au Pape seul il appartient de déterminer leur mode d'élection ou de présentation. Le gouvernement n'a plus à se mêler de ce qui regarde le culte, l'enseignement, la discipline; l'ordre spirituel doit être en dehors, complétement en dehors de l'ordre temporel : sans quoi la Loi fondamentale serait indignement violée dans sa lettre et dans son esprit. Et si jamais on souffre qu'on la viole en un point, qui empêchera que bientôt elle ne soit violée dans tous les autres? Tous les Français, quelle que puisse être la diversité de leurs opinions, ont donc le même intérêt à en maintenir l'exécution franche et complète; et de plus il s'agit ici de la première des libertés, de la liberté religieuse, et d'une conséquence de cette liberté, voulue non seulement des catholiques, mais de la France entière.

Toutefois, nous devons le dire, et le dire hautement, nulle liberté possible pour l'Église qu'à une condition, qui l'arrêtera peu sans doute, la suppression du salaire que l'État accorde annuellement au clergé. Quiconque est payé dépend de qui le paye. C'est ce qu'ont bien senti les catholiques d'Irlande, qui toujours ont repoussé cette servitude que le gouvernement anglais a plusieurs fois essayé de leur imposer. Tant que nous n'imiterons point leur exemple, le catholicisme n'aura parmi nous qu'une existence précaire et débile. Le morceau de pain qu'on jette au clergé sera le titre de son oppression : libre par la loi, il sera, quoi qu'il fasse, esclave par le traitement; et n'est-ce pas déjà le moyen qu'emploient quelques préfets pour obtenir ce qu'il leur plaît d'exiger illégalement de lui? Il est temps, grand temps que le prêtre rentre dans son indépendance et sa dignité : nul avantage ne saurait jamais en compenser la perte. Il faut qu'il vive, cela est vrai : mais avant tout il faut que l'Église vive, et sa vie, nous le répétons, est attachée au sacrifice qui lui rendra la liberté. Alors s'éteindront les haines politiques dont elle était devenue l'objet; alors, se renouvelant en elle-même par la discipline et par la science, elle se présentera aux yeux des peuples telle qu'elle est, telle que Dieu l'a faite, élevée au-dessus de la terre pour répandre sur elle les lumières, les consolations du Ciel, riche de son dénuement, forte de la seule puissance qui n'excite pas l'envie et ne provoque point l'opposition, celle de la vertu.

Et qu'on ne s'effraye pas des inconvénients que la suppression du salaire semble, au premier coup d'œil, pouvoir entraîner; fussent-ils réels, il faudrait encore s'y résigner sans hésitation, puisque le salut de l'Église dépend de sa séparation d'avec l'État. Mais ils seront, de fait, bien moins graves qu'on ne peut le craindre. La Providence ne délaisse point ceux qui se confient en elle. Le zèle créera des ressources immenses. Plus le prêtre montrera de désintéressement, d'abnégation de soi-même, plus les offrandes de la charité viendront au-devant de ses besoins, et du premier de tous, celui de soulager les misères dont le secret est chaque jour déposé dans son sein. Quel est le catholique qui refuserait de contribuer aux réparations du temple où se célèbrent les sacrés mystères de sa foi, et à l'entretien des établissements destinés à perpétuer le sacerdoce? De toutes les populations catholiques d'Europe, la plus indigente est celle d'Irlande, et nulle part la religion n'est plus solidement dotée; car c'est le pauvre qui la dote. Je sais qu'il existe en

France des cantons où la foi presque éteinte offrira peu de ressources de ce genre ; mais ces cantons sont en petit nombre, et cet affaiblissement de la foi est dû en partie, nous le disons avec douleur, au défaut de zèle et à l'absence du véritable esprit sacerdotal parmi les pasteurs. Partout où ils seront ce qu'ils doivent être, le nécessaire ne leur manquera point. Il y a tant de bienfaits dans la religion, elle est si puissante sur le cœur de l'homme, que presque jamais ce n'est elle qu'il repousse, mais la fausse, l'indigne image qu'on lui en a montrée.

Le moment est venu de la replacer dans une position qui ôte tout prétexte à la haine et à la défiance ; le moment est venu pour l'Église de se remettre en possession de la liberté qui lui appartient, de la liberté que lui garantit notre Loi fondamentale. Le vœu public la secondera. Que les évêques, fatigués d'une longue oppression, relèvent la tête et contemplent, dans les révolutions mêmes qui agitent la société, l'aurore de leur délivrance ; qu'ils veuillent ce que veulent les peuples, la pleine jouissance de leurs droits, et ils l'obtiendront. Mais pour cela, qu'ils ne s'y trompent point, il faut qu'ils s'aident eux-mêmes ; il faut qu'ils accomplissent, par un acte unanime et décisif, la séparation qui les affranchira; il faut, en un mot, qu'ils disent à l'État : Nous renonçons au salaire que vous nous accordiez, et nous reprenons notre indépendance. Soumis comme tous les Français aux lois politiques et civiles du pays, autant qu'elles ne blesseront pas les droits sacrés de la conscience, nous ne reconnaissons point votre autorité en tout ce qui concerne la religion, notre culte, notre discipline, notre enseignement. Dans cet ordre purement spirituel, nous sommes libres en vertu de la loi; nous ne devons obéissance qu'au Chef spirituel que Jésus-Christ nous a donné : lui seul doit régler nos croyances, diriger, surveiller notre administration, pourvoir à la perpétuité du ministère céleste. Et ne pensez pas que cette résolution, irrévocable de notre part, nous soit inspirée par aucune vue, aucun sentiment d'opposition contre vous : tout au contraire, elle n'a pour motif qu'un désir ardent de faire disparaître des causes déplorables de division, de terminer une lutte contre nature dont les suites sont incalculables, d'opérer, en ce qui dépend de nous, la réconciliation des partis et l'union des Français, qui seule affermira l'ordre; elle nous est inspirée enfin par le devoir rigoureux de sauver le christianisme, en l'élevant au-dessus des passions humaines et des tempêtes de la politique.

Ministres de celui qui naquit dans une crèche et mourut sur une croix, remontez à votre origine, retrempez-vous volontairement dans la pauvreté, dans la souffrance, et la parole du Dieu souffrant et pauvre reprendra sur vos lèvres son efficacité première. Sans aucun autre appui que cette divine parole, descendez, comme les douze pêcheurs, au milieu des peuples, et recommencez la conquête du monde. Une nouvelle ère de triomphe et de gloire se prépare pour le christianisme. Voyez à l'horizon les signes précurseurs du lever de l'astre, et, messagers de l'espérance, entonnez sur les ruines des empires, sur les débris de tout ce qui passe, le cantique de vie.

18 octobre 1830.

II.

NÉCESSITÉ DE S'UNIR POUR LE MAINTIEN DE L'ORDRE ET LA CONSERVATION DES DROITS COMMUNS.

1.

Nous faisions observer, il y a peu de jours, que la révolution ayant détruit l'ancienne hiérarchie sociale, les corporations, et en général toute espèce d'agrégation politique fondée sur des droits spéciaux et des intérêts communs légalement circonscrits, il n'existait plus en France que des individus, et que dès lors son gouvernement ne pouvait être, sous quelque forme qu'on essayât de la déguiser, qu'une république, et une république démocratique. En effet, là où manque l'élément aristocratique, où nulle classification n'est politiquement praticable, tant elle serait repoussée avec violence par l'opinion, où le peuple sous ce rapport n'offre qu'une masse homogène, comment concevoir la monarchie? Ce qu'on appellerait de ce nom ne serait en réalité que le pur despotisme, et un despotisme qui, pour se maintenir, serait forcé d'étreindre tellement la nation dans des liens de fer, qu'on n'aurait jamais vu dans un pays chrétien de si effroyable tyrannie.

Mais si nous sommes contraints de vivre en démocratie, nous ne pouvons non plus échapper aux conséquences de la démocratie elle-même, à ce qui en est inséparable, c'est-à-dire une perpétuelle mobilité d'institutions et de gouvernement. Toute fixité, tout repos est incompatible avec son essence. Une forme succède à une autre forme, un chef à un autre chef. Les constitutions, les lois sont écrites sur le sable au bord de la mer : le premier flot qui monte en emporte jusqu'à la trace.

Voilà ce qu'on doit voir et ne jamais oublier, si l'on ne veut pas être la dupe des plus fausses illusions, et se précipiter dans des voies ou stériles ou très-dangereuses : car on ne peut rien contre la nature des choses. Luttez contre le fleuve, essayez d'arrêter son cours, vous amènerez des inondations, et vos efforts n'auront abouti qu'à changer en marais les campagnes voisines.

Mais il faut encore porter nos regards plus haut. Élevez-vous jusqu'à cette région où se forme le lien social par de communes croyances et des devoirs communs : qu'y découvrez-vous? Une démocratie nouvelle, inquiète, agitée, turbulente, une émeute d'opinions, qui, dans leurs antipathies, leurs défiances, leurs craintes, se mêlent, se croisent, s'allient un moment, se divisent le moment qui suit, et combattent sans relâche pour prévaloir. Cette démocratie des esprits est le principe de l'autre ; elle l'enfante, pour ainsi dire, perpétuellement. Or, pouvez-vous quelque chose contre elle? Avez-vous un moyen de suspendre seulement son action? Connaissez-vous un remède à cette profonde et terrible maladie, un remède immédiat? Voilà donc une autre cause de mobilité continuelle, et même de discordes, de dissensions, de guerres intérieures, un nouvel obstacle à l'établissement d'aucunes institutions, d'aucun gouvernement stable : car ce serait certes bien s'abuser que de compter pour cela sur la force matérielle. Où serait cette force? dans un parti? Mais tous les autres se ligueraient à l'instant contre lui; dans l'armée? mais espérez-vous la rendre inaccessible à l'influence de l'opinion? Et puis, quand cette opinion s'exalte et fermente, qu'est-ce que l'armée, et que peut-elle? On le sait.

Et maintenant considérez les conséquences d'un pareil état : la France partagée comme en deux camps, l'un de ceux qui, ne possédant rien, spéculent, pour s'enrichir, sur les bouleversements politiques; l'autre de ceux qui redoutent d'être dépouillés de ce qu'ils possèdent et engloutis sous cette terre qui tremble; la propriété foncière et l'industrie en présence l'une de l'autre avec de mutuelles défiances et des intérêts en apparence opposés; une semblable opposition entre les diverses branches de l'industrie elle-même : dans un ordre plus élevé, moins d'union encore; d'un côté le catholicisme, de l'autre la philosophie anti-chrétienne, le protestantisme et ses différentes sectes, le judaïsme, le saint-simonisme, enfin que sais-je? un monde entier d'opinions contradictoires, dont chacune est une passion. Or où sera, je le demande, la sécurité commune, au milieu de ce chaos d'intérêts et de doctrines opposées? La cherchera-t-on dans quelqu'une d'elles? Mais qui choisira? et qui oserait répondre qu'elle n'abuserait point aussitôt de sa puissance pour asservir ses rivales et les étouffer? La cherchera-t-on dans le pouvoir? Mais le pouvoir nécessairement aura été créé par un intérêt, une opinion momentanément triomphante; il en sera le produit, l'expression; il sera cette opinion, cet intérêt même armé de la force; et dès lors qu'attendre de lui? S'il ne peut exister d'une garantie des droits même les plus saints, d'autre garantie de la justice et de la liberté, je crains bien qu'on ne fasse jamais, en changeant de gouvernement, que changer d'oppression.

La solution du problème implique au fond une garantie, non-seulement contre les violences qu'une fraction de la société voudrait exercer contre les autres, mais encore contre celles que le gouvernement exercerait lui-même. Il s'agit de trouver pour tous, en dehors du pouvoir nécessairement flottant comme l'opinion dont il suit les phases, un abri contre l'arbitraire et la persécution, de quelque part qu'elle vienne. Les victoires successives des partis, outre qu'elles supposent un état de guerre permanent avec toutes les calamités qui en sont inséparables, ne seraient, on doit aujourd'hui le comprendre, qu'une perpétuelle tyrannie. Ce n'est donc pas à de pareilles victoires, que la force donne et qu'elle ôte tour à tour, et qui dès lors ne sauraient produire qu'une anarchie interminable, ce n'est pas, dis-je, à de pareilles victoires que peuvent aspirer les hommes doués de quelque prévoyance, les hommes attachés de cœur à la sainte cause de l'humanité. C'est par les bienfaits de l'ordre, par la puissance de la vérité, par la parole qui éclaire, et non par le glaive qui tue ou par la violence qui opprime, qu'assurément elle triomphera. Ainsi, quels que soient nos opinions, nos intérêts, il en est un qui domine tous les autres, celui de nous unir pour la défense de l'ordre et de nos droits communs contre quiconque y porterait atteinte; et cet intérêt puissant est en même temps le premier de nos devoirs.

Aux deux extrémités de la société il existe des passions ardentes qui l'ébranleraient jusqu'en ses fondements, si on ne leur opposait pas une résistance insurmontable. Les uns rêvent le despotisme, les autres l'anarchie. Nous avons donc et nous aurons long-temps à veiller pour notre sûreté, pour la conservation de notre vie, de notre champ, de nos propriétés, quelles qu'elles soient, comme pour celles de nos libertés. Tout cela ne peut être défendu que par nous, car le danger peut venir du côté même d'où nous attendrions la protection. De là l'indispensable nécessité de s'unir, de s'associer sur une large base, indépendante de tout ce qui nous a divisés jusqu'à présent. Prêtons-nous un secours mutuel contre quiconque attaquerait soit nos personnes, soit nos biens, soit quelqu'une de ces libertés qui font partie de notre vie même, et comme hommes et comme Français. Garantissons-nous-en les uns aux autres la pleine jouissance. Jurons tous que nul, quel qu'il soit, n'y attentera impunément. Liberté de conscience et d'enseignement, liberté de la presse et d'association, libertés civiles et politiques, liberté de travail et d'industrie, tels sont et nos droits naturels et nos droits acquis : que ceux qui tenteraient de nous en priver, quelque nom qu'ils prennent, de quelque prétexte qu'ils s'autorisent, nous trouvent devant eux debout, la tête haute, prêts à combattre et prêts à mourir, plutôt d'en rien céder. Et nous ne mourrons pas ! car si le droit est de notre côté, la force y est aussi, et la lâcheté seule, la plus indigne, la plus vile lâcheté pourrait nous perdre. Notre salut dépend de nous, il dépend de la confiance que nous aurons les uns dans les autres, de l'oubli complet du passé, d'un mot dit avec cet accent qui tue le doute et sur lequel jamais ne se méprennent les gens d'honneur.

Toutefois, qu'on l'entende bien, notre pensée n'est pas qu'on s'en tienne à des paroles ; il faut plus, il faut des actes pour opposer à d'autres actes. Mais une action commune implique l'idée de concert, et par conséquent d'organisation. Organisons-nous donc légalement ; formons une grande confédération qui embrasse la France entière, une vaste société d'assurance mutuelle, où chacun trouve la garantie de sa sûreté et de ses droits ; que s'ils sont menacés seulement, la voie des réclamations nous est ouverte ; qu'elles partent de tous les points du pays pour arriver, dans les formes voulues, au gouvernement et aux chambres ; que chaque commune ait son comité, qui correspondra avec un comité central établi dans le chef-lieu de département, afin de donner tout à la fois plus de mouvement et d'ensemble aux démarches légales destinées à faire parvenir au pouvoir qui s'égarerait, les avertissements, les vœux, les plaintes et, s'il le fallait, les volontés de la France. On ne les écoutera pas, diront peut-être quelques personnes que préoccupent les souvenirs du passé. On ne les écoutera pas! oubliez-vous donc que vous avez, pour contraindre à ce qu'on vous écoute, et l'urne électorale et tant d'autres moyens dont l'usage est aujourd'hui bien connu? On ne vous écoutera pas! et qui oserait ne pas vous écouter? Après tout, s'il arrivait qu'on fermât l'oreille à vos plaintes, qu'on repoussât vos justes réclamations, la loi a pourvu à ce déni de justice, comme elle a pourvu à la sûreté publique et au maintien de l'ordre, en créant les gardes nationales. Elle vous appelle à en faire partie ; elle vous confie elle-même la défense de vos propres droits. S'ils vous étaient jamais ravis, elle s'est absoute d'avance, et vous ne pourrez en accuser que vous.

2.

Nulle sécurité ni pour les hommes, ni pour les propriétés, ni pour aucuns droits, si ceux que devraient unir les mêmes intérêts, ceux qui n'ont de salut à espérer qu'en s'associant pour leur défense commune, se divisent au contraire, s'isolent, et se livrent ainsi, victimes volontaires de leur défiance mutuelle, à quiconque voudra les attaquer. Voilà ce que nous avons essayé de faire sentir, ce que nous disions hier, ce que nous répéterons jusqu'à ce qu'on le comprenne, jusqu'à ce que notre voix ait pénétré au fond de tous les cœurs qui battent encore au saint nom de la patrie, qui ont foi dans la vérité, dans la justice, dans l'ordre, qui palpitent d'une grande espérance, lorsqu'au milieu du bruit des factions, et loin, bien loin au-dessus des tempêtes qu'elles soulèvent, se fait entendre, comme un écho du ciel, ce cri qui ne meurt point : Dieu et la liberté !

Cependant il reste, nous le savons, des préjugés à vaincre : d'anciennes idées, de vieilles méfiances, l'habitude de se considérer comme politiquement ennemis, séparent encore les hommes dont le concours est indispensable pour préserver la France des plus extrêmes calamités. Il faut montrer qu'une alliance entre eux est possible, qu'elle n'exige aucun sacrifice qui puisse alarmer la conscience ou l'honneur, qu'il doit en résulter d'immenses avantages, si l'on sait agir avec ensemble et avec énergie, enfin qu'elle est nécessaire au salut commun.

Et d'abord elle est possible, car elle n'implique rien dont tout le monde, hors les anarchistes, n'ait un égal besoin : la sûreté des personnes mutuellement garantie contre les proscriptions et contre les violences arbitraires soit des factions, soit du pouvoir lui-même ; la sûreté des propriétés garanties contre le pillage, et s'il y avait lieu, contre la confiscation légale à jamais abolie par la Charte ; la liberté de conscience et d'enseignement, première base de la paix publique, droit sacré de quiconque a touché le sol français ; les libertés politiques, civiles, administratives, afin que le Pouvoir, s'il tendait à dégénérer en despotisme, trouve partout des barrières insurmontables ; la liberté de la presse et la liberté d'association, sans lesquelles la défense n'est possible pour personne. Qui ne voudrait pas de toutes ces choses, voudrait ou opprimer ou être opprimé ; il voudrait la servitude pour lui ou pour les autres, c'est-à-dire, le désordre, la souffrance, la haine, c'est-à-dire une révolution permanente, la mort. Il n'y a de vie désormais que dans la liberté, dans la liberté égale pour tous.

Et en quoi cette liberté blesserait-elle soit la conscience, soit l'honneur? Elle seule au contraire assure leurs droits. Car, d'une part, elle laisse à chacun celui de croire tout ce qui lui paraît vrai, et d'agir selon ses croyances, en ce qui ne trouble point l'ordre public ; et par conséquent, d'une autre part, en établissant la plus parfaite tolérance civile, elle n'enferme à aucun degré la tolérance dogmatique, qui n'est que l'absence de toute croyance, et même de toute opinion. Ainsi le catholique ne renonce à aucun point de sa doctrine ; il la prêche, la défend, la propage par le raisonnement et la persuasion, reconnaissant le même droit au protestant, au juif, à toute secte quelconque soumise d'ailleurs aux lois du pays.

Le royaliste et le libéral conservent de la même manière et leurs affections personnelles, et leurs opinions propres sur la meilleure forme de gouvernement. L'un préférera la monarchie, l'autre penchera pour la république; mais tous, unis dans l'amour de l'ordre, se prêteront secours et assistance pour défendre au besoin leurs droits mutuels, leurs libertés communes. Confédérés pour le maintien de ces libertés nécessaires, ils s'en garantiront réciproquement la pleine jouissance, toujours prêts à repousser de concert, à combattre toutes les tyrannies, en un mot quiconque tenterait d'égorger, de piller, d'opprimer, sous quelque prétexte et à quelque titre que ce fût.

Cette puissante confédération, fondée sur les droits immuables, suppléera momentanément à la stabilité des institutions et du gouvernement, qu'elle affermira, autant qu'il peut l'être, en le forçant de respecter les droits généraux, et de suivre la direction que lui imprima la volonté des masses ; tandis que, laissant une libre carrière à toutes les discussions, chaque pensée s'éprouvera, pour ainsi dire, contre une autre pensée, jusqu'à ce qu'il se forme peu à peu une conviction commune, et que les doctrines diverses, mieux connues, mieux jugées, aient également contribué à rétablir, par leurs victoires et par leurs défaites, l'immortel empire de la vérité.

Sans doute qu'une pareille alliance ne constitue pas une société véritable ; mais aussi longtemps que les conditions d'une vraie société n'existent pas, elle peut atténuer les conséquences d'un état si funeste en soi, prévenir une anarchie complète, et, en écartant une partie des obstacles qu'apportent les passions et les désordres matériels à l'action des lois qui régissent la raison humaine et qui tendent constamment à la ramener à l'unité, préparer, hâter un meilleur avenir.

Figurez-vous une maison habitée, à ses différents étages, par un juif, un musulman, un protestant, un catholique; certes leurs croyances et les devoirs qui en résultent sont trop opposés pour qu'il y ait entre eux société réelle. Mais qu'ils craignent que des forcenés ne viennent incendier cette maison dont le toit les couvre tous, ou, à chaque triomphe d'un parti divers, les égorger successivement, ou les persécuter, comme juif, comme musulman, comme protestant, comme catholique, le danger commun les unira, et, s'ils ne sont eux-mêmes aveuglés par un fanatisme féroce, ils n'hésiteront pas à s'associer pour leur défense mutuelle, association qui créera entre eux des rapports de bienveillance, lesquels rendront et plus faciles, et plus calmes, et plus efficaces les discussions purement doctrinales sur les points qui les divisent. En tout cas, ils auront vécu, et vécu en paix.

Nous avons dit, en second lieu, que l'alliance

loyale des amis de l'ordre et de la liberté aurait pour tous des avantages immenses. Voyez en effet ce que lui doivent les Belges. Religion, instruction, fortune publique et particulière, lois, justice, langue même, tout mourait étouffé sous le poids d'une effroyable tyrannie, lorsque l'union, fondée sur l'égalité des droits et proclamée au nom de la liberté commune, a tout sauvé. Et nous aussi, qui que nous soyons, catholiques ou protestants, républicains ou monarchistes, nous avons encore à secouer de pesantes chaînes que nous devions croire à jamais brisées. On nous avait promis la liberté religieuse, et le gouvernement, infidèle à la puissance qui l'a créé, s'efforce de retenir l'Église et nos consciences sous sa tutelle. On nous avait promis la liberté d'enseignement, et l'on organise de nouveau le monopole universitaire, et l'on aggrave sur des écoles affranchies par la Charte l'oppression que le pouvoir déchu faisait peser sur elles. Mille entraves fiscales, chères à l'administration qui y cherche ridiculement sa sauvegarde, n'arrêtent-elles pas toujours le développement de la presse? Au lieu de régler par des lois sagement libérales le droit d'association, n'y a-t-il pas dans le gouvernement une tendance visible à maintenir la législation de Bonaparte, qui le supprime ? Et combien d'autres demandes non moins justes n'avons-nous pas, tous tant que nous sommes, à adresser au pouvoir ? Unissons-nous donc, organisons-nous : que des pétitions arrivent aux chambres couvertes de cent mille signatures ; que toutes nos voix ne forment qu'une voix ; que cette voix puissante, unanime, s'élève comme le bruit de la mer quand elle presse ses flots, et frappe, et renverse une digue insolente. Ce qui a fait jusqu'ici la force des hommes qui ont attaqué, en divers sens, nos droits et nos libertés, c'est la division de ceux qui avaient pourtant le même intérêt à les réclamer et à les soutenir. Nous n'avons pas voulu être libres ensemble, et c'est pourquoi nous avons été tous esclaves. Que cette leçon nous profite : n'oublions pas que les chaînes voyagent, et que quiconque les impose à d'autres, tôt ou tard les porte à son tour. Français, croyez-moi, traitons-nous en frères ; ne nous envions pas les uns aux autres notre part de ce bien d'autant plus doux, d'autant plus abondant pour chacun, qu'il est possédé par un plus grand nombre, de ce bien, notre héritage commun, de ce bien sans lequel il n'en est aucun autre sur la terre, qui console la vie et embellit la mort ; car, parmi ceux qui ont un cœur d'homme, qui ne mourrait avec joie, avec orgueil pour la liberté ?

Et puis, il faut que vous le sachiez, l'union dont elle sera le lien, n'est pas une chose sur laquelle vous ayez à délibérer; elle est pour vous une nécessité pressante, inexorable. Regardez là, tout près de vous, ces êtres qu'on ne sait comment nommer, aux traits hagards, à l'œil sinistre : voyez le spectre de 93 se dresser devant vous tout sanglant ! Vous frémissez : et pourquoi donc ? Qu'avez-vous à craindre si vous êtes unis ? La loi vous arme pour votre défense ; elle dit à tous ceux que menace le crime : Protégez-vous les uns les autres, et la justice, et Dieu lui-même vous l'a dit avant elle. Soyez hommes, et tout cet enfer rentrera soudain dans ses cavernes, et vous n'entendrez plus que ses rugissements souterrains. Depuis la chaumière jusqu'au château, depuis l'humble étalage jusqu'au palais du financier, que le même intérêt vous rallie tous contre le même danger, quelle que soit la dissidence de vos opinions. Eh ! qu'importent les opinions au pied de l'échafaud? Mais encore une fois, soyez hommes, et pendant que la peur s'en va bêlant ses niaises lamentations, tendez à vos frères une main, et posez l'autre sur votre épée.

30 octobre 1830.

III.

DE LA RÉPUBLIQUE.

Puisqu'on a jeté dans nos débats, assez compliqués déjà, le mot de république, qui, par sa signification vague, est merveilleusement propre à soulever les passions les plus opposées, il nous paraît à propos de l'éclaircir, et de traiter cette grande question de la république dans ses rapports avec l'état de la France et avec le genre de gouvernement que cet état comporte. Car on ne doit craindre de discuter franchement aucune des questions agitées aujourd'hui dans le monde, et rien au contraire n'importe davantage que de réduire à des termes positifs et clairs les points sur lesquels il existe de profonds dissentiments, afin du moins de s'entendre, et que, de part et d'autre, on sache ce qu'on veut.

Parmi nous, un parti désire la république, et, dit-on, travaille à l'établir; un autre parti la repousse avec violence et avec terreur, et certes il ne se peut que trop qu'une horrible anarchie naisse du choc de ces deux partis, l'un plus nombreux, l'autre plus actif, plus uni, plus décidé, et tous deux, selon nous, également aveugles.

Qu'est-ce en général qu'une république, indépendamment des formes particulières infiniment diverses sous lesquelles elle peut être constituée? Une république est un mode de gouvernement ou de société qui, excluant le pouvoir absolu d'un seul, place le droit de législation dans le peuple entier ou dans une partie du peuple; ce qui fait la différence de la république démocratique et de la république aristocratique, et l'une est préférable à l'autre, l'une est possible et l'autre ne l'est pas, selon la nature des éléments dont se compose actuellement le peuple.

Cela posé, examinons les deux partis qui, sous ce rapport, divisent maintenant la France.

Et pour parler d'abord de ceux qu'épouvante le seul nom de république, de bonne foi savent-ils bien ce qu'ils craignent et ce qu'ils veulent?

Leur esprit n'est-il pas tellement préoccupé du souvenir des désordres et des crimes d'une certaine époque, que, pour eux, ces crimes, ces désordres s'identifient avec une forme abstraite de gouvernement, à peu près comme les désordres et les crimes des guerres de religion s'identifient pour d'autres avec la religion? Quoi qu'il en soit, et sans remonter au-delà de ce qu'on est convenu d'appeler la restauration, nous leur demanderons sous quelle espèce de gouvernement ils ont vécu depuis cette époque. Il existait sans doute, comme il existe encore, un roi, c'est-à-dire un homme qu'on appelle *Sire,* qu'on loge dans un palais, et à qui on donne chaque année une grosse somme d'argent pour signer des ordonnances qu'il ne fait pas, et dont, avec justice, il ne répond pas, du moins légalement; mais le pouvoir réel, la puissance dernière, en qui réside-t-elle, en qui, depuis seize années, a-t-elle constamment résidé, si ce n'est dans la Chambre qui vote le budget, et par conséquent dans ceux qui la nomment? Donc il y a seize années que nous sommes en république, et la question n'est pas de savoir si nous y tomberons, mais si nous y resterons.

Or comment pourrions-nous sortir de la république? Voyez quel est l'état du pays : y subsiste-t-il une seule trace de l'ancienne organisation? Trouverez-vous quelque part une classe d'hommes, un corps qui ait ses droits propres, une force de résistance et une force d'action? Apercevez-vous des centres autour desquels viennent se grouper des éléments d'une nature spéciale et homogènes entre eux, dont l'union forme un tout vivant? L'opinion, les mœurs admettent-elles quelque chose de pareil? Serait-il possible de créer une noblesse véritable, des corporations privilégiées? Avant d'y réussir, on bouleverserait dix fois la France, et c'est qu'en réalité les hommes ne font rien, ne peuvent rien faire de ce genre; c'est l'œuvre du temps et des circonstances, l'œuvre mystérieuse et profondément inconnue à elle-même de la société soumise à des lois plus puissantes qu'elle, et qui, dans l'ordre général que Dieu dirige vers une invariable fin, règlent son développement et sa décadence même. Au fond, le peuple français se compose de simples individus politiquement égaux en toutes choses, et qui voudrait porter atteinte à cette égalité politique, soulèverait la nation entière. Dès lors, sous une forme ou sous une autre, la république est inévitable, à moins qu'un homme, momentanément investi d'une force prépondérante, n'écrase tous les droits sous sa volonté arbitraire, c'est-à-dire, à moins qu'un despotisme absolu dans son essence ne substitue à l'égale liberté de tous la servitude égale de tous. Or est-il un Français, quelles que soient ses opinions, qui pût se résoudre à subir le joug d'un semblable despotisme, et qui, lors même que la liberté ne serait pas exempte d'inconvénients et de périls qui, en réalité n'en sont nullement inséparables, ne préférât mille fois l'agitation d'une vie dont les éléments constitutifs n'ont pas encore trouvé leur parfait équilibre, à la paix des tombeaux et au repos de la mort que leur ferait un Bonaparte ou un Philippe II? Tout le monde aujourd'hui a besoin de respirer à l'aise; tout le monde veut être affranchi dans sa conscience, son intelligence, et même repousse unanimement, dans l'ordre inférieur, la tutelle oppressive qui depuis trop longtemps pèse sur les communes et sur les provinces. Interrogez qui vous voudrez, demandez-lui, toute idée théorique à part, ce qui lui manque et ce qu'il désire, il se trouvera toujours que c'est quelque liberté. Donc la liberté est le vœu commun, le vœu universel, et les efforts des gens de bien doivent tendre sans relâche à la réaliser; car c'est par elle que l'ordre renaîtra.

Nous venons de voir qu'attendu l'état moral et matériel de la France, elle n'avait de choix qu'entre le despotisme et la république, et qu'en outre la république existait de fait depuis seize ans. Qu'est-ce donc que le parti républicain, et que se propose-t-il? Ici nous devons distinguer deux classes d'hommes, qui n'ont rien de commun que le nom, et dont la première, numériquement presque imperceptible, n'a d'importance que par la force que l'imagination lui prête; fantôme sinistre qui lui apparaît comme quelque chose de gigantesque à travers les nuages qui l'enveloppent. Je parle des anarchistes, de ces monstres aux mains sanglantes qui méditent, au fond de leurs repaires, le pillage, le meurtre, l'incendie. Impuissants par eux-mêmes, ils disparaîtront dès qu'on s'unira contre eux, et ce seraient des passions bien étrangement aveugles que celles, nous ne disons pas qui chercheraient des alliés dans le crime et la dévastation, mais qui ne suspendraient pas à l'instant toute autre guerre, lorsque des antres où ils se cachaient sortent soudain, haletants de fureur, les bannis de la civilisation, pour ébranler la société dans ses fondements mêmes. Quiconque alors hésite à se lever, à se joindre à ses frères pour la défense commune, celui-là n'est pas homme, celui-là est infâme à jamais.

Et quant aux vrais républicains, c'est-à-dire ceux qui, indépendamment de toute vue personnelle, désirent la république comme un gouvernement meilleur et plus libre, et dès lors comme un moyen d'ordre, nous ne voyons rien que d'honorable dans leur opinion, et nous croyons de plus qu'elle renferme, dans son application à la France actuelle, un incontestable fonds de vérité. Seulement ils se laissent, à notre avis, préoccuper des mots, et ils semblent attacher aux formes une importance très-exagérée; erreur dangereuse qui se confond, dans son principe, avec la fausse idée qu'un gouvernement peut et doit être constitué *à priori,* sur le modèle que s'en est fait je ne sais quelle raison spéculative, qui, ne combinant que des abstractions, échoue constamment toutes les fois qu'elle veut réaliser ses théories, parce qu'elles ne répondent à rien d'existant, et que, sans racine dans le passé, ni même dans le présent, dans les habitudes, l'opinion, les mœurs, elles feraient de la société un mécanisme mort.

Nous le répétons, la France, sous la Charte de 1830, est une véritable république, et nous sommes convaincu que si l'on ne fausse pas la Loi fondamentale, si l'on n'en viole pas le principe, si l'on en déduit toutes les conséquences légitimes, et qu'on les coordonne dans des lois secondaires, les Français jouiront d'une liberté qui doit satisfaire tous les vœux, d'une liberté telle qu'à nulle époque n'en a joui aucun peuple européen.

En effet, dans l'ordre spirituel, ils ne seront pas seulement libres, mais indépendants, et cette indépendance résultera de cette grande et fondamentale maxime, que le pouvoir n'a, par sa nature, aucune autorité sur les esprits ni sur les consciences ; maxime d'où se déduit, d'une part, la liberté absolue de religion et la liberté d'enseignement, et, d'une autre part, la liberté de la presse et la liberté d'association, ainsi qu'on l'a tant de fois prouvé. Or ces quatre libertés, qui affranchissent l'homme moral et intelligent, sont stipulées solennellement et en termes exprès dans la Charte. Il ne s'agit donc pas sur ce point, le plus essentiel de tous, de changer la Charte, mais d'en obtenir la pleine et loyale exécution. Or c'est à quoi l'on peut arriver sans sortir en aucune façon de l'ordre légal. Donc, jusqu'ici, aucune forme de république ne saurait nous donner plus que ce que nous possédons déjà.

Dans l'ordre politique et civil, la Charte suffit encore; ce qui ne veut pas dire qu'il ne reste beaucoup à désirer dans la manière dont on l'applique et dont on l'interprète. Mais, sous ce rapport, tout dépendant de quelques lois organiques et réglementaires, on peut aisément, sans secousses et sans déplacer la base de l'État, régulariser, selon les vœux et les besoins du pays, l'ordre de choses qu'a constitué la Loi fondamentale.

En effet, les libertés spirituelles une fois placées à l'abri de toute atteinte, et le pouvoir dès lors ne conservant d'action que sur le matériel de la société, il ne s'agit plus que de régler cette action ou de la mettre en rapport avec les libertés du même ordre, de sorte que le pouvoir ne soit que le ministre et pour ainsi dire l'instrument de la volonté nationale. Or il est clair qu'ici tout se réduit à un bon système d'élection et à un bon système d'administration, systèmes intimement liés l'un à l'autre. Car l'élection doit aboutir à un corps qui représente en réalité et non fictivement la volonté générale, et cette volonté se rapportant à des intérêts positifs, ces intérêts doivent être eux-mêmes représentés par les électeurs, et par conséquent les vrais électeurs sont naturellement ceux qui dans chaque lieu ont été choisis pour administrer ses intérêts propres.

Il suit de là que, pour établir un ordre régulier et dès lors durable, le premier soin devrait être d'organiser un système administratif fondé sur ce principe, que tout intérêt nettement circonscrit a le droit imprescriptible de s'administrer lui-même. On remonterait ainsi de la commune, qui est le véritable élément politique, jusqu'à la Chambre ou jusqu'aux Chambres, dont la principale fonction est de mettre en harmonie, par des lois qui embrassent l'État entier, les administrations inférieures, et de constituer ainsi l'unité sociale. Elles expriment par ces lois la volonté du pays, et le Roi l'exécute. Mais l'on conçoit qu'un pareil système d'administration qui, en France, sort forcément de la nature des choses, appelle de toute nécessité un système analogue d'élection. Car, en premier lieu, chaque commune, chaque province ne peut s'administrer réellement elle-même, si elle n'élit ses magistrats; et comme, en second lieu, les affaires du pays ne sont que la généralité des affaires des communes et des provinces, considérées en tant que, par leur union, elles forment l'État, les représentants de l'État doivent être les représentants des provinces et des communes, c'est-à-dire que leur élection doit se lier étroitement à celle des magistrats locaux et n'en être qu'une extension.

Or, entre ceux qui n'ayant pas de position dépendante jouissent dans la commune des droits de citoyen, comment et à quel titre admettrez-vous les uns à l'exercice de ces droits sacrés, et en exclurez-vous les autres? Toute distinction qu'il vous plaira d'établir sous ce rapport entre eux, offensante pour ceux que vous frapperez d'une honteuse interdiction, ne reposera que sur l'arbitraire le plus absolu comme le plus absurde. Car enfin lorsqu'on vous demandera compte du principe d'après lequel vous formez vos catégories, il faudra bien toujours que vous en veniez à dire que ce principe est la capacité présumée. Voilà donc la plus grande partie du peuple français déclarée par vous incapable de s'élever seulement jusqu'à l'effort d'intelligence nécessaire pour savoir si tel ou tel habitant de la commune y a la réputation d'être un homme habile, un homme d'honneur et de probité. Eh! qui le sait au contraire et mieux et plus sûrement qu'eux? Croyez-le, l'homme de leur choix sera constamment celui qui, à tous égards, offrira le plus de garanties comme administrateur local, et comme électeur des députés dont le mandat doit émaner de la nation entière et par conséquent des communes.

Et voyez quelle abjecte solution vous donnez vous-même à ce problème, à vos yeux si difficile, de la capacité. Vous interrogez chaque Français : Combien paies-tu d'impôt? — Je paie, dit l'un, 240 francs. — Bien, tu dois être un homme d'esprit; va voter, nous te le permettons. Et toi, combien paies-tu? — Moi, je ne paie que 239 fr. 99 c. — C'est fâcheux véritablement; mais enfin tu ne saurais voter, car la présomption est que tu es un sot. — N'est-ce pas là, je le demande, une amère dérision du bon sens et de l'humanité? et se peut-il imaginer un état plus bas que celui d'un peuple qui en est venu à fonder son gouvernement, sa législation, son avenir sur ce tarif ignoble autant qu'insensé de l'intelligence.

Je conçois certes qu'on ne soit pas extrêmement épris d'une liberté de ce genre; on peut légitimement désirer mieux. Mais ce mieux qu'est-ce au fond? Une loi raisonnable d'élection, qui se lie à une loi raisonnable aussi d'administration communale et provinciale. Voilà ce qui nous manque surtout. Avec cela et les libertés que nous avons nommées spirituelles, il ne nous resterait rien à souhaiter que les améliorations de détail que le temps amène chaque jour dans un pays sagement constitué. Or ces lois qui nous manquent, il n'est nul besoin, pour les obtenir, de renverser la Charte; c'est bien plutôt par elle que nous pouvons les arracher à ceux qui nous les refuseraient, car elles en sont une conséquence naturelle et inévitable. Il y aurait donc de la folie, et même pis que cela, à rejeter tout notre avenir dans le ténébreux chaos d'une nouvelle révolution. Nous n'avons point à demander la république, car elle existe; seulement elle n'est pas encore complétement organisée, et c'est vers cette organisation définitive, de laquelle dépend l'ordre et la paix, que doivent tendre les efforts des vrais amis de la France. Mais ces efforts n'auront de succès qu'autant que, le respect des lois en étant le caractère, ils ne deviendront pas pour le pays un sujet perpétuel d'alarme. Et que les républicains ne s'effraient pas de l'hérédité du chef de l'État. Tandis qu'il ne sera que ce qu'il doit être, l'exécuteur des ordres souverains de la nation réellement représentée, cette hérédité, loin d'être à craindre, ne sera qu'une garantie de plus de la liberté. Point de cour, une liste civile modeste, et il ne nous restera rien à désirer de ce côté.

Puissions-nous, éclairés par l'expérience, nous unir tous dans ces mêmes vœux! A part quelques hommes incorrigibles, relégués aux deux extrémités de la société qu'ils inquiètent, royalistes, libéraux, républicains, moins séparés qu'ils ne le pensent eux-mêmes, veulent sincèrement la tranquillité et le bonheur de leur commune patrie, l'union de l'ordre et de la liberté; et nous jouirons effectivement de la liberté et de l'ordre, lorsque, abjurant toute défiance mutuelle, chacun de nous, au lieu de retirer sa main, l'étendra pour serrer celle de son frère, aura foi dans sa parole, et, vivant de la même vie, du même amour, ne connaîtra plus d'autre intérêt que l'intérêt de tous.

9 mars 1831.

FIN.

TABLE DES MATIÈRES.

PARIS. — IMP. SIMON RAÇON ET COMP., RUE D'ERFURTH, 1.